世界で第何位？

日本の絶望ランキング集

大村大次郎
元国税調査官

800
中公新書ラクレ

まえがき——日本は世界で第何位？

「日本の国際的地位は下落している」

「日本はこのままでは衰退する」

というようなことが最近よく言われる。

その一方で、経済評論家の中には、「本当は日本は強いんだ」「まだ日本は世界一だ」などと言う人もいる。

この日本衰退に関する議論は抽象的になりがちで、日本の国際的地位がどう下落しているのか？ どの分野がどういう具合に衰退しているのか？ という詳細についてはなかなか見えてこない。

そのため、さまざまな国際データを用いて、日本の客観的な現在地を知ろうではないか、というのが本書の趣旨である。

インフラ、医療、経済、教育、家計などの分野において、日本は国際的に見てどういう位置にいるのか？ 何を持っていて何が不足しているのか？

それを国際データによって、具体的に追究していきたいのである。

国際データを集めると、私たち自身の知らない意外な事実が判明することも多い。

たとえば、日本人の多くは、「わが国は先進国であり社会インフラは世界最高クラスに整っている」と思っている。しかし実際には、とても先進国とは言えないほどわが国の社会インフラはボロボロなのである。たとえば、日本人がライバル視しがちで、「わが国よりまだ遅れている」と思っている韓国よりも、整備されていないインフラは多々あるのだ。

かと思えば、日本は資産の蓄積においては、現在も世界最高レベルであり、実質的に世界一の金持ち国とも言えるほどなのである。

それらのデータを集め、衰退の具体的な理由を知ることで改善策も探っていけるのではないだろうか。

ご存じのように、日本は現在深刻な少子化社会となっており、国家存亡の危機とも言える状態である。

「この危機を脱するにはどうすればいいか？」

本書を手に取っていただいたあなたとともに考えていきたい。

目次

第3章　なぜ日本経済は中国に喰われたのか？……73

第4章　先進国で最悪の貧富の格差

ランキング表一覧

図表作成・本文DTP／市川真樹子

第1章

社会インフラは途上国並み

なぜ途上国並みのインフラなのか?

「日本は世界の中でも社会インフラが整っているほうだ」

日本人の多くは、こう信じているのではないだろうか?

しかし、残念ながらそうではない。

むしろ、日本は社会インフラがボロボロで、先進国とはとても言えないほどなのだ。

日本は毎年、多額の予算を投じる、世界有数の公共事業大国である。だから、当然、社会インフラも整っていなくてはならないはずだ。

たとえば、年度末のたびに、国中のあちこちで道路工事が行われる。これはその年度の予算を消化するために、駆け込みで道路工事を行っているからであり、日本の悪しき「風物詩」とさえなっている感がある。

これほどふんだんに予算を使っていながら、日本の道路は、先進国の中では整備されてい

ると は到底言いがたいのである。

また日本は自然災害大国とはいえ、一応、先進国でもある。相応の災害対策が施されているから、自然災害における犠牲者は、世界的に見てそれほど多くはないはず、と考えている国民は多いかもしれない。しかし、これも残念ながら正解ではない。日本は自然災害での犠牲者数において、世界ワースト上位に常に位置してしまっているのだ。

世界には、インフラ整備が整っていない地域はたくさんある。南米やアフリカのスラム街など、よくこんな場所で暮らせるものだというようなところも多々ある。そういう場所で、災害が起きて大きな被害が生じたというニュースが、時々報じられる。

しかし、日本はそうした貧しい地域、発展途上の地域をしのぐほど、毎年多くの災害犠牲者を出しているのだ。

さらに先進国の景観には見られない「電柱」や「電線」などが、いまなお国土全体に張りめぐらされるなど、信じられないほど基本的な社会インフラが整っていないのである。

なぜそうなっているのか？

本章では、さまざまな国際データを用いてこの謎を追究していきたい。

日本はいまでも世界有数の公共事業大国

公共事業に関しては、80年代から90年代にかけて「多すぎる」と厳しく非難された。そのため、2000年代の中ごろからは大幅に削減された。

が、最近では、「公共事業が削減されたから、日本は不景気になった」と主張する経済学者なども出てきた。

いまでも公共事業に関しては「多すぎる」「少なすぎる」という議論がよくされる。

では実際、日本の公共事業は他国に比べて多いのか少ないのか？　調べてみると、断然多いのである。

表1のようにGDPにおける公共事業費の割合を先進諸国で比較してみると、フランス、イギリス、ドイツ、アメリカは2％台である。4ヵ国の中で最も多いフランスより、日本のほうがさらに大きい。しかも日本の場合、これでも大幅に削減しているのだ。

日本は90年代前半には、GDPの6％を超える年もあったのである。防衛費の5倍から6倍の税金が公共事業に投じられていたのだ。

表1

主要先進国の公共事業費

（GDPに占める割合、2020年度）

1位	日本	3.7%
2位	フランス	2.9%
3位	イギリス	2.3%
4位	ドイツ	2.2%
5位	アメリカ	2.1%

出所）財務省サイト「公共投資の規模（国際比較）」資料Ⅱ－5－2

しかし「公共事業の質」を見たとき、そのお粗末さは言語を絶するほどである。

詳細はこれから述べるが、国民が想像する以上に、日本の公共事業はずさんで無計画で無駄が多すぎるのである。そして日本は世界に類を見ないほどの巨額の公共事業を行っておきながら、先進国ではありえないほど社会インフラがボロボロなのだ。

公共事業の受注は、政治家にコネがあるものや地域の有力者を中心に行われる。そこには「公共事業の必然性」などはまったく配慮されていない。ただただ何か理由をつけて公共事業を引っ張ってくるのである。

特定の地域、特定の分野の公共事業だけが繰り返し行われることになる。

だから「巨額の公共事業費を使っていながら、日本のインフラは途上国並み」という事態に陥っているのである。

にもかかわらず世界有数の災害死者数

表2のデータはWHO（世界保健機関）が発表した人口10万人あたりの自然災害による平均死亡率ランキング（2011〜15年）である。残念なことに日本は世界のワースト2位ということになっている。

ソロモン、ミクロネシアなどの小島国家やカンボジア、南スーダンなど、インフラ整備が明らかに遅れている国などよりも日本は自然災害の死亡率が高いのだ。

このWHOの報告は2011年の東日本大震災の死者を含んでいる。

「日本は地震が多いから災害犠牲者が多いんだ」と思って、自分を納得させている読者も多いだろう。

が、地震だけではない。

たとえば2018年の日本の災害死者数は444人で、災害疫学研究所が発表したランキングでは、インドネシア、インド、グアテマラに次いで4位となっている。日本はこの20年ほどは東日本大震災の犠牲者を除いても年平均で150人以上の犠牲者を出している。

表２　災害による人口10万人あたりの平均死亡率ランキング（2011〜15年）

1位	ネパール
2位	日　本
3位	フィリピン
4位	サモア
5位	セントビンセント・グレナディーン
6位	ソロモン諸島
7位	ミクロネシア
8位	ナミビア
8位	ニュージーランド
8位	バヌアツ

出所）WHO「世界保健統計」2016

人口比の犠牲者数は常に世界のワースト10の中に入っているのである。

世界の中には、インフラが整っていなかったり、環境の悪いスラム街に人口が密集していたり、日本よりももっと自然が過酷だったりする国は多々あるのだ。

いくら日本では災害が多いと言っても、そういう国々よりも犠牲者が多いというのは、やはり「おかしい」と思わざるをえない。

地震の被害というのは、そう簡単に対処することはできない。日本の場合、どこで起きてもおかしくないし、いつ起きるかはいまの科学ではまだ予測ができないからだ。だから地震の被害が大きい部分については、ある程度仕方がない部分もある（ただし、インフラ整備によって救われる部分も多々あると考えられる)。

しかし台風や大雨の被害は、努力によってかなりの部分が防げるはずだ。が、この台風や大雨の被害について、日本では適切な対処をしているとはとても言い難く、毎年のように大きな被害を出している。

繰り返すが、日本は世界でもまれに見るほどの巨額の公共事業を行ってきた。それにもかかわらず、途上国並みのインフラなのである。というより、途上国以下の部分も多々あるのだ。

住宅整備費はどこに消えた?

日本の公共事業が役に立っていないのは、防災対策だけではない。

多額の予算を食っている住宅事業や道路整備事業においても、国民生活の上ではほとんど役に立っていないのである。

国税庁のサイト「国の財政・歳出~公共事業関係費」をみると、「社会資本総合整備事業費」という項目が1兆3805億円となっており、これは道路整備事業に次いで大きなシェアを占めている。この「社会資本総合整備事業費」には、同サイトでは「町の整備や住宅支援のため」という説明がある。

しかし、これも「なんのために使われているのかわからない」のである。

というのも、日本は公営住宅が先進国の中で著しく少ないからである。

イギリス、フランス、ドイツなどは、住宅に占める公営住宅の割合は15％前後である。しかも、これらの国は、以前はもっと多くの公営住宅があったが、70年代から90年代にかけて、大量に国民に払い下げられた。それでも、全住宅の15％前後が公営住宅として残っているのだ。

では、日本はどうかというと、３分の１の５％程度しかないのだ。自己責任の国アメリカと同程度なのである。

日本は莫大な住居整備費を費消していながら、公営住宅はイギリス、フランス、ドイツの半分にもまったく足らないのである。

もし日本にもっと公営住宅があれば、ネットカフェ難民や生活保護受給者や経済的理由による自殺なども大幅に減らせるはずなのに。

表3

先進各国の主要都市における環状道路の整備率

東　京	47％
北　京	100％
ソウル	100％
パ　リ	85％
ワシントンDC	100％
ロンドン	100％
ベルリン	97％

出所）国土交通省サイト「諸外国の環状道路の整備状況」2023年4月現在掲載データ

首都圏の道路もまともに整備していない

日本は公共事業大国だということは前述したが、主要事業の一つが道路整備事業だった。80年代、90年代の狂乱の公共事業の時代にも、その中心を成していた。日本の莫大な公共事業費の大半は、道路整備に使われたと言ってもいいだろう。

また現在でも道路事業費は、日本の公共事業費の中で最大のシェアを占めている。国税庁のサイト「国の財政・歳出～公共事業関係費」によれば、令和5年度当初予算で1兆6711億円が道路に使われている。しかもこれは高速道路の整備費を除いた額である。

では、日本の道路は、きちんと整備されているのか？

残念ながらノーである。

表3を見ていただきたい。これは各国の首都圏の環状道路の整備状況である。東京は50％以下なのである。先進国ではありえない状況なのだ。中国や韓国にさえこの分野で大きく後れを取っているのである。

地方の下水普及率は途上国以下

日本の社会インフラが遅れている分野は、まだまだ多々ある。

たとえば下水道である。現代人にとって、生活排水は下水道によって処理されるものであろう。それは日本だけではなく、世界中でそういう傾向になっている。

が、日本の地方では、下水道が通じていないところがけっこうあるのだ。

現在、日本全体の下水道の普及率は約80％である。ヨーロッパの普及率とほぼ同じ程度だ（表4）。だから、これだけを見ると、日本の下水道普及に問題があるようには見えない。しかし、これにはカラクリがあるのだ。

表4　世界の下水道普及率（下水接続割合）

北アメリカ	約82％
南アメリカ	約57％
ヨーロッパ	約76％
東南アジア	約48％
アフリカ	約17％
日本	約80％

出所）国土交通省サイト「下水道分野の国際展開に関する現状分析と課題」2023年4月現在掲載データより著者作成

日本の場合、人口の4分の1が首都圏に住むという極端な人口集中がある。首都圏や都心部には下水道が整備されているため、必然的に下水道普及率が上がっている。地方から首都圏に人口が流入すれば、何もしなくても、下水道の普及率（人口比）は上がるのである。

しかし、日本の場合、地方では下水道の普及率が、先進国の割に非常に低いのだ。50％を切っているところも珍しくない（表5）。

下水道がない地域では、各家庭が浄化水槽を準備しなくてはならないなど、余分な負担が大きい。

たとえば島根県は51・3％である。

島根県は、90年代の公共事業大濫発時代に、竹下登元首相らのおひざ元として、全国でも有数の公共事業受注地域だったが、下水道の普及工事はほとんど行っていない。

表5
下水道の普及率が低い県
（2021年度末時点）

徳島県	18.7％
和歌山県	28.9％
高知県	41.2％
鹿児島県	43.2％
香川県	46.3％
島根県	51.3％
大分県	53.3％

出所）公益社団法人日本下水道協会サイト「都道府県別の下水処理人口普及率」


下水道の普及率で、特にひどいのは四国である。4県のうち3県が50％を切っている。

坂本龍馬のような開明的な人物を生んだ高知県だが、41・2％である。

徳島県に至っては18・7％。なんと県民のほとんどは、下水道のない生活を送っているのだ。この数値はアフリカ並みである。広大な砂漠、ジャングルを持つアフリカ大陸と徳島県は、下水道の普及率に関する限り、ほぼ同じなのである。

他にも、鹿児島、香川などが50％を切っている。

このような地方のインフラ整備の遅れが、一極集中を招いたとも言える。もちろん、下水道だけじゃなく、さまざまなインフラを含めての話である。地方の人は、インフラの整っていない地元を捨て、都会に出てくるのだ。

表6

「水洗トイレのない家」の割合
（2023年現在、OECD38ヵ国）

1位	メキシコ	25.9%
2位	コロンビア	12.3%
3位	リトアニア	11.8%
4位	ラトビア	11.2%
5位	チリ	9.4%
6位	日本	6.4%
7位	エストニア	5.7%
8位	トルコ	4.9%
9位	ハンガリー	3.5%
10位	韓国	2.5%

出所）OECD, Better Life Index

つまり、それで地方はどんどんさびれていくのだ。

80年代、90年代に行われた狂乱の大公共事業では、道路や箱モノばかりがつくられ、下水道の普及はそれほど進まなかったのだ。当時、ちゃんと予算を下水道に振り分けていれば、いまごろ、日本では、国の隅々まで下水道が普及していたはずだ。

「水洗トイレ」がない家が未だに多い

下水道の整備が遅れているということは、当然、住環境にも影響している。

表6は、OECD（経済協力開発機構）加

盟国の中で「水洗トイレのない家」の割合が高い順にランキングしたものである。日本は6位に入っている。

ここにランクインしている国々は、南米国、旧共産圏国など、社会インフラ整備が先進国に比べて遅れている国ばかりである。日本と似た住環境の歴史を持つ韓国と比べても、日本はかなり遅れているのである。

四国と本州には3本も架橋されているのに

ここで大きな疑問を持たれないだろうか？

莫大な公共事業費が何に使われてきたのか、と。前述したように、日本は先進国で最も公共事業が多く、しかも90年代には現在の倍近くの額を投じてきた。

しかし、まるで、この莫大な額のお金がどこかへ消えたかのように、社会インフラを整えた跡が見られない。

実際、何に使われたかというと、その答えは「無駄な箱モノ」「無駄な道路」などである。

地方に行くと、人影もまばらな駅の周辺が非常に美しく整備されていたり、車がめったに通らない場所にすごく立派な道路があったり、さびれた街並みに突然、巨大な建物が現れたりすることがある。

そういう地域には有力な国会議員がおり、その議員に群がる利権関係者がいるのだ。

政治家は、自分を支持する建設土木業者のために、公共事業を地元に誘致しようとする。必然的にその業者が得意な公共事業ばかりが予算化されるのだ。道路工事が得意な事業者には道路工事を、箱モノ建設が得意な事業者には箱モノ建設を発注するという具合である。

となると、その地域には、非常に偏った公共事業ばかりが行われることになる。道路工事ばかり行っている地域、箱モノ建設ばかりを行っている地域という具合に。

そこには、国全体を見渡してインフラの不備な部分を整備しようなどという発想はまったくない。だから、莫大な公共事業費を使っていながら、日本のインフラはボロボロなのである。

わかりやすい例を一つ挙げよう。

80年代後半から２０００年代にかけての公共事業で、目玉的に進められていたのが、四国と本州の架橋だった。

この時期、四国と本州の間には、なんと3本の橋が架けられたのだ。

もちろん、莫大な費用が生じた。

その一方で、四国では基本的なインフラ整備が遅れており、前述したように下水道普及率が世界的に見ても非常に低い。

巨額の金を投じて、橋を３本も架けている一方で、足元の下水処理はなおざりになっているのだ。いかに日本の公共事業が無駄なものだったかということだ。

街中に電柱があるのは先進国で日本だけ

日本では、国全体に電柱がたち、電線が張りめぐらされている。

日本人は電柱のことを「電気を通すためになくてはならない設備」と思っており、街中に電柱があることをまったく不思議に思っていない。

しかしこの電柱は、先進国にはほとんどないということをご存じだろうか？

海外旅行をしたことがある人なら覚えがあると思うが、欧米には電柱や電線というのはほとんどないのだ。先進国の大半で、電線は地中に埋められている。先進国の中で、これほど電柱があるのは日本だけなのだ。

表7

主要都市の無電柱化率

イギリス・ロンドン	100%
フランス・パリ	100%
シンガポール	100%
台湾・台北	96%
韓国・ソウル	49%
東京23区	**8%**
大阪市	**6%**

出所）国土交通省サイト「無電柱化の整備状況」2023年4月現在掲載データ

いや、先進国だけではなく、世界全体で見てもこれほど電柱がある国というのは珍しい。

表7を見ればわかるように、先進国の主要都市はおろか台北でも、ほぼ無電柱化が達成されている。韓国の首都・ソウルも、50％近くまで進んでいるのである。

また表7にはないが、フランクフルト、香港でも100％近い無電柱化が進んでおり、ニューヨークは80％以上、インドネシアのジャカルタでも30％を超えている。

東京の8％、大阪市の6％というのは、異常に低い数値である。

電柱は、地震や台風などの災害時に大きな危険要素となる。地震や台風が頻発する日本こそ、無電柱化をどこよりも進めなくてはならないはずなのに、この体たらくはどういうことなのだろう？

昨今でも、台風や豪雨のたびに、どこかしらで大規模な停電が発生している。たとえば２０１９年９月の台風15号では千葉県を中心に90万戸で停電が発生し、３週間近く復旧しない地域もあった。これらのことは、電線を地中化すればかなり防げたのである。無電柱化の推進というのは、阪神・淡路大震災のころから言われていた。が、30年経っても、まったく進んでいないのだ。

これは、もちろん、行政の無策である。

無電柱化の費用というのは、日本では、国、地方、電力会社の三者が３分の１ずつ負担することになっている。しかし、これは国が主導して行ってもいいのだ。

何度も触れたように、日本は90年代に公共事業に巨費を投じているし、現在でも先進国では最高レベルの支出である。にもかかわらず、電線の地中化という重要な社会インフラがまったく未整備なのである。

にもかかわらず高い電気料金

日本は、無電柱化などの電気インフラが整っていないにもかかわらず、先進国の中では最

表8　**電気料金の国際比較**

（2020年、単位1kWh あたりアメリカ・セント）

日　本	家庭用	25.5	産業用	16.2
アメリカ	家庭用	13.2	産業用	6.7
イギリス	家庭用	24.4	産業用	15.7
フランス	家庭用	21.5	産業用	12.5
ドイツ	家庭用	34.5	産業用	17.3

出所）資源エネルギー庁サイト「電気料金の国際比較」

高クラスの電気代を払っているのだ。

先進国と比較した場合、電気料金はかなり割高であることがわかる。

２０２０年の先進５ヵ国の比較データ（表８）を見ると、日本はドイツに次いで２番目の高さだ。

ドイツは、日本よりもかなり高いように見えるが、国の政策として、再生可能エネルギーの開発費を捻出するため、税金を電気料金に上乗せしている。その上乗せ分が、電気料金の約半分を占めるのだ。

そのため、電力会社が受け取る純然たる「電気料金」を比較した場合、日本はドイツよりかなり高い。

そして、ドイツに限らず、フランス、イギリスなどの電気料金にも、再生可能エネルギー政策などのための税金が含まれており、原価だけを見れば、日本の電気料金は、先進国の中でずば抜けて高いのである。

「巨額の公共事業費」

「高い電気代」

にもかかわらず、先進国としての最低限の社会インフラである「電線の地中化」がまったく行われていないのである。

巨額の公共事業費はどこへ消えた？

これまで、日本は巨額の公共事業費を費消していながら、インフラ整備がまったく不十分だということを述べてきた。

なぜそういうことになっているのか、90年代に行われた超巨額の公共事業から解き明かしていきたい。

１９９０年、当時の海部俊樹首相がアメリカに対する公約として、今後10年間で４３０兆円の公共事業を行うと明言した。その後、村山富市内閣のときに、この公約は上方修正され６３０兆円にまで膨らんだ。

アメリカがなぜ、このような要求をしたのか？

同年、日本は赤字国債の発行をゼロにして、財政の健全化を達成していた。当時、先進諸国は財政赤字に苦しんでおり、とりわけアメリカは史上最悪の状況になっていた。いまとなっては信じがたいかもしれないが、日本は当時、先進諸国の中でとても財政が健全な国だったのだ。

アメリカとしては何とか危機を脱したい。そこで金回りのいい日本政府に公共事業で金をばら撒かせ内需を拡大させて、貿易収支を改善させようとしたのだ。

1年に63兆円を10年間、つまりは630兆円である。

現在の国の借金1000兆円は、間違いなくこのときの630兆円の公共事業に端を発するのである。

国は社会保障費の増大で赤字国債が増えたなどと弁明しているが、数理的に、どこからどう見てもそれは無理がある。当時の社会保障費は、わずか11兆円ちょっとである。公共事業費は年間60兆円以上だった。だれが見ても、どちらが借金の原因かは一目瞭然だろう。

この630兆円というのは明らかに異常な額である。

日本の年間GDPをはるかに超える額であり、当時の国家予算の10年分である。当時の社会保障費の50年分以上である。それをまるまる公共事業につぎ込んだのだから、借金ができないほうがおかしいのだ。

この件に関しては、日本政府側にも大きな落ち度がある。

当時の日本は、貿易黒字は大きいが、内需（国内消費）が欧米に比べれば少なかった。そのため、欧米から見れば、「他国にモノを売りつけるくせに、他国のモノを買ってはくれない」という状態ではあったのだ。

だからアメリカは、「公共投資を増やして国が主導して消費を増やせ」と要求した。

それに対し、日本は公共投資を約束したものの、愚にもつかない箱モノをつくったり、無駄な道路をつくるばかりで630兆円もの巨額のお金を浪費してしまったのだ。

このときにもっと有効なお金の使い方をしていれば、いまのような閉塞した経済社会にはなっていなかったにちがいない。

630兆円もの〝モルヒネ〟

日本では、公共事業は、非常に税金の無駄遣いになりやすいものである。

当時、公共事業というのは、政治家に食い物にされていた（もちろんいまでも変わっていない)。有力な国会議員が、地元に公共事業を誘致することで、その手腕を誇示する。それにより資金や支持者を集めるというのが、政治家の選挙戦略の有力な手段となっていたのだ。

当時の日本では、建設業者が政治家を強力に支持する母体になっていたのだ(いまでもその傾向はある)。建設業者は、支持者を集めるだけではなく、政治資金も提供してくれるからである。

日本の政治家の半数近くは、建設業者によって食わせてもらっているような状態だった。

政治家は公共事業を誘致して建設業者を潤す、建設業者は寄付をして政治家に還元する、こういう〝食物連鎖〟が完全にでき上がっていたのだ。

つまり、日本で公共投資を増やせば、それは真に国民のためになることには使われず、政治家と建設業者の利権に費消されてしまう、ということである。

当時の日本では実際に、その通りのことが起きてしまった。

この巨額の公共事業は、バブル崩壊後の景気浮揚にも何ら貢献しなかった。

そもそも公共事業というのは、ただそれをやれば、経済が活性化するというものではない。

公共事業によって、一時的にその地域の経済は上向く。巨額のお金が地域に落ちるからである。だから景気対策になるようにも見える。

しかし公共事業は、その地域に真に経済力をつける施策ではない。いわば、モルヒネのようなもので、一時的な痛み止めの効果があるにすぎない。

公共事業を請け負う建設業界は、大手→下請け→孫請け、と、ピラミッド式の構造となっている。

もちろん取り分は大手が最も多く、下に行くほど減っていく。末端の労働者に届くお金は、わずかなものである。

しかも公共事業の受注は、政治家にコネがある業者や地域の有力者を中心に行われる。国民全体が潤うものではなく、特定の人々が繰り返し潤うというものである。

だから公共事業費は、真に景気を刺激するものでもなければ、大きな雇用を生み出すものでもないのだ。

そして公共事業に依存する体質になってしまうと、常に税金に頼らなければならなくなる。つまり真に自立した経済力を持てないのである。

公共事業が地域経済を破壊

著者は、この「90年代の公共工事狂乱時代」に、地方の税務署に勤務していたので、その異常さを肌身で知っている。

この当時、建設業者が急増していた。

公共事業というのは、コネさえあれば潤える「おいしい仕事」だったので、いろんな業種の者が、公共事業に参入してきたのだ。造園業や、個人向けの建築業をしていたような業者も、公共事業を受注できる建設業に入ってきた。そして、官庁のＯＢなどを顧問に招いて受注するのだ。

当時は、年間の売り上げの１００％が公共事業というような建設業者が腐るほどいた。もちろん、そういう業者は、公共事業がなくなれば生き残れない。だから、公共事業費が削減された２０００年代の後半、地方の建設業は壊滅的な打撃を受けた。

異常な公共事業の増加は、地方の産業を破壊してしまったのである。

島根県が良い例である。

近年の島根県は、県外への流出者数が多い。

こういう状態を招いたのは、90年代の公共事業である。

島根県は先述したように、竹下登元首相や青木幹雄参議院議員など有力な国会議員を輩出してきた県である。島根県出身の国会議員たちは、こぞって地元に公共事業を誘致し、そのことで自らの政治権力をアピールしてきた。

このため島根県の経済は、90年代から2000年代にかけて、公共事業にまったく頼りきった体質になってしまった。県民1人あたりに使われる公共事業費は、全国で常時5位以内に入り、北海道や沖縄県に匹敵するほどの公共事業を受注してきた。

それほどの税金を使いながら、島根県は数十年の間、人口流出者数でワースト10に入るほどの過疎県となってしまった。

公共事業というのは、地域の発展にほとんど寄与していなかったのである。

巨額の公共投資は少子高齢化対策には使われなかった

アメリカとしても、日本が無駄な道路や箱モノで、巨額の公共事業費を費消してしまうとは想定していなかったはずだ。

公営住宅を充実させたり、都市を整備したり、公園を増やしたり、国民の生活環境を改善することを期待したはずである。

またこのアメリカが要求した630兆円の公共事業も、実は、アメリカが本当にそう要求したわけではなく、日本の国会議員がアメリカに働きかけたという説もある。

日本の有力な国会議員は、公共事業が増えれば選挙戦でアピールしやすくなる。そのため、アメリカ側に「日本に公共投資の増額を要求してくれ」と内々で打診したというのだ。日本の国会議員は、自分から公共事業を増やせとはなかなか言えないので、「外圧」を利用して、予算の増額を謀ったというわけである。

これには明確な証拠はないが、当時の状況から見れば、ありうる事象ではある。

当時の日本の政治家が、いかに愚かだったかということを示しているだろう。

これだけの巨額のお金を、なぜ無駄に使ってしまったのか？

アメリカからの要求を断れなかったとしても、お金を有効に使う手段はいくらでもあったはずだ。

前述したように現在、日本の下水道の普及率は、全国平均でまだ80％程度であり、50％を切っている地域も多々ある。巨額の公共工事を受注していた島根県の下水道普及率も、２０２１年現在51・３％にすぎない。島根県に限らずだが、道路や箱モノばかりをつくって、肝心の生活インフラにはお金を使ってこなかったツケだ。

住宅政策も貧困なままであるし、公園も先進国の中では明らかに狭い。

また当時からすでに人口動態により今後の日本は少子高齢化社会になるとわかっていたので、その対策を講じるべきではなかったのか。

待機児童のための施設をつくったり、子どもを産みやすくなったり、子育てをしやすくなったりするような、基盤整備になぜ使われなかったのか。

そして、もし老人や貧困者のための住宅建設を行っていれば、現在の社会保障費の大幅な節減につながっていたはずである。

この巨額の無駄遣いこそが、いまの日本社会に閉塞感を蔓延させた最大の原因だと言えるだろう。この当時の無駄な公共事業に携わった政治家には、皆、切腹してほしいくらいである。

日本は公園の整備も遅れている

表9は世界主要都市の住民1人あたりの公園面積である。

表9 世界主要都市の住民1人あたりの公園面積
（㎡/人、2015年発表）

スウェーデン・ストックホルム	80.0
アメリカ・ワシントンDC	52.3
ドイツ・ベルリン	27.9
イギリス・ロンドン	26.9
アメリカ・ニューヨーク	18.6
フランス・パリ	11.6
韓国・ソウル	11.3
東京23区	**4.4**

出所）国土交通省報道資料「平成27年度末都市公園等整備及び緑地保全・緑化の取組の現況（速報版）の公表について」

東京は人が多くてゴミゴミしているから公園が少ない、と思っている人も多いようだが、実際のところニューヨークやパリのような大都市でも、東京よりもはるかに広い公園面積を持っているのだ。隣国・韓国の首都ソウルの半分しか公園が整備されていないのである。

公園というのは、近代になって整備されてきたものである。

住民の心身の健康のために自然豊かな憩いの場が必要だという認識が広まり、先進諸国や世界中の国々は、こぞって公園整備を行っている。つまり公園というものは「文化的生活」を送る上での必須アイテムであり、その都市の文化程度の高さを示す指標でもある。

こういったことからも、「莫大な公共事業費はいったい何に使われたのか?」という疑問が生じるのだ。

第2章

病院は多すぎ医者は少なすぎ
……いびつな医療界

日本の国家予算で一番大きいのは医療費

日本の医療システムも、「末期的」と言えるほど腐食している。

あまり知られていないが、税金で支出されている社会保障関係費のうち、最も多かったのは「医療費」である。

医療費のほとんどは、社会保険で賄われていると思っている人も多いだろう。しかし、日本の医療費は、社会保険だけでは賄い切れておらず、税金から補塡されているのだ。その補塡額が、社会保障関係費の中で最も多かったのである。

国の予算の中で一番大きいのは社会保障関係費ということになっている。2019年度の予算ではおよそ34兆円である。

社会保障関係費というと、年金や生活保護などをまず思い浮かべる人が多いようだが、最も大きい予算を食っていたのは医療費なのだ。高齢化の進行により年金の割合が増え、現在

表10　2019年度の社会保障関係費内訳

医療費	約12兆円
年　金	約12兆円
福　祉（生活保護など）	約４兆3000億円（このうち約半分は医療扶助費）

出所）厚生労働省「平成31年度予算案の主要事項」

は医療費と年金はほぼ同額になっているが、長い間、医療費の予算のほうが年金よりも大きかったのだ。

また生活保護に使われている予算の約半分は、医療扶助費である。生活保護受給者は医療費が「医療扶助費」として支出されるため、医療費が無料である。この医療扶助費が、生活保護費の約半分を占めるのだ。

だから社会保障関係費のうち、医療費と医療扶助費を合わせれば、年金よりも大きい金額になり、実質的には現在も医療費が最も大きい項目なのだ。

このように日本国民は、世界でも高い医療費を払っていると言える。

定義によって若干違ってくるが、日本の財政支出のうち、最も大きいのは医療費だと言えるのだ。

正当な医療費が不足し、社会保険料だけでは賄えず、そのために税金から支出されているのであれば、国民として仕方がないと思う。

しかし、日本の医療の場合、異常なシステムがあり、一部の病院、医師だけが法外な高収入を得る仕組みになっている。そして、その一部の医療関係者のために、日本の医療費全体が引き上げられ、国民の税金を浪費しているのだ。

ところで、新型コロナ禍によって、日本の医療のいろいろな脆弱さが明らかになった。

日本人は日本の医療は世界最高レベルと思っていたはずだ。詳細は後述するが、病院の数も、ベッドの数も人口比にすれば世界で一番多い。

しかし新型コロナ禍では、当初、日本は欧米各国よりもはるかに感染者数、重症者数が少なかったにもかかわらず、医療危機に瀕してしまった。

その原因は、すべて日本の医療システムの腐食にあるのだ。

どこがどういう具合に腐食しているのか？

本章では、さまざまなデータからそれを追究していきたい。

日本は病床の数が世界一多い

まず見ていただきたいのが、病床数（入院患者のベッド数）である。

表11

人口1000人あたりの病床数
（OECD 36ヵ国、2018年）

1位	日本	13.0
2位	韓国	12.4
3位	ドイツ	8.0
9位	フランス	5.9
22位	イタリア	3.1
28位	アメリカ	2.9
32位	イギリス	2.5

出所）OECD, Health Statistics, 2020

表11のとおり、日本は人口１０００人あたりの病床の数が世界一多い。イギリスの５倍以上、アメリカの４倍以上という多さである。ＯＥＣＤの平均が４・７なので、日本はＯＥＣＤ平均の３倍近い病床を持っているのである。

また病院の数も異常に多い。

日本には２０１８年のデータで８０００以上の病院、診療所があり、断トツの世界一なのである。世界第２位はアメリカだが６０００ちょっとしかない。

アメリカは日本の２倍以上の人口を持つので、日本の現状は異常値である。

日本の人口１００万人あたりの病院数は約66である。欧米の先進国の場合、最も多いフランスでも約45であり、アメリカなどは約19しかない。

つまり人口割合で見ると、日本はアメリカの約３倍の病院があるのだ。

日本はこれほど多くの病床、病院を持っているのに、新型コロナ禍の初期であっさりと医療危機に瀕してしまった。

それはなぜなのか？

そこに日本医療の大きな欠陥があるのだ。

集中治療室が異常に少ない日本

新型コロナ禍が襲来しはじめた2020年4月ごろ、

「日本の医療ではICU（集中治療室）が少ない」

ということが、よく報じられた。

日本のICUは、先進国の中でも最低レベルである、と。

「重症患者が大量に出たら対応しきれない」

だから日本の新型コロナ対応は、最初から軽症患者がほぼ黙殺されてきた。軽症患者まで受け入れていると病院が持たないというのである。

表12
主要国の集中治療室数
（人口10万人あたり）

ドイツ（2017）	33.9
アメリカ（2018）	25.8
フランス（2018）	16.3
韓　国（2019）	10.6
イギリス（2020）	10.5
スペイン（2017）	9.7
イタリア（2020）	8.6
日　本（2019）	5.2

出所）OECD, Policy Brief on the response to the Covid-19 crisis

確かに日本のＩＣＵは非常に少なく（表12）、韓国はおろか、新型コロナ感染拡大初期に大量に死者を出したスペインよりも少ないのだ。ＯＥＣＤ加盟の先進国の中では下から４番目という低さである。

その一方で、先ほど述べたように日本は、病床数は先進国の中で抜きん出て多い。

「病床数は世界一なのに集中治療室は先進国最低レベル」

このいびつさこそ、日本医療界の暗部を象徴するものなのである。

日本では「民間病院が儲かる」

日本の医療システムには、「公立病院の割合が

表13　公的病院と民間病院の病床数の内訳

	公的病院	民間病院
日本	約20％	約80％
アメリカ	約15％	約85％（うち非営利70％）
イギリス	大半	一部のみ
フランス	約67％	約33％
ドイツ	約50％	約50％（うち非営利33％）

出所）厚生労働省サイト「諸外国における医療提供体制について」2023年４月現在掲載データ

少なく民間病院が異常に多い」という特徴がある。

なぜ日本にＩＣＵが少ないのか、という問いの答えはここにあるのだ。

前述したように日本の病床数は世界一なのだが、病床の約80％は民間病院にある。国公立病院の病床は約20％しかない（表13）。

これは先進国としては異常事態である。イギリス、フランス、ドイツなどの先進国では、病床の半分以上が国公立病院なのだ。

アメリカでは、国公立病院の病床数はそれほど多くはないが、病床の大半は教会や財団などが運営する「非営利病院」である。

日本でも私大の附属病院や赤十字病院など、「非営利の民間病院」もある。しかし大半は、医者が経営者となっている「普通の民間病院」ばかりだ。そこが世界の医療事情と大きく違うところである。

民間病院というのは、当然のことながら儲かることしかしない傾向がある。民間病院では手間がかかる上にリスクの多い重症患者などはあまり受け入れたがらない。だから民間病院には、集中治療室などはあまり設置されていないのだ。そのため、日本では集中治療室が異常に少ないという状況に陥っている。

そして民間病院の大半は、新型コロナの患者を受け入れなかった。だから、欧米よりも感染者が何十分の一、何百分の一しかいなかったコロナ禍初期の段階で、すでに医療崩壊の危機に瀕してしまったのだ。

なぜ民間病院がこれほど多いのかというと、単純に「儲かるから」である。

厚生労働省の「医療経済実態調査」では、開業医や勤務医の平均年収は、近年、おおむね次のようになっている。

開業医（民間病院の院長を含む）　約３０００万円
国公立病院の院長　約２０００万円
勤務医　約１５００万円

ここでいう開業医というのは、民間病院の院長から、町のクリニック、地方の小さな民間診療所の医者も含まれる。つまり大小ひっくるめての平均年収が、勤務医の2倍もあるのだ。

しかも開業医のそれは、国公立病院の院長よりもはるかに高い。国公立病院の院長というと勤務医にとってはなかなかなれない憧れであり、相当、能力もあり、努力もしなければなれないはずだ。

そういう憧れの存在よりも、日本全国の開業医の平均年収のほうが1・5倍も多いのだ。開業医の「トップ」ではない。開業医の「平均」が、国公立病院の院長よりもはるかに高いのである。開業医の収入がどれだけ大きいものであるか、これでわかっていただけるはずだ。

そして、なぜ開業医の収入がそんなに高いのかというと、開業医には特権がたくさんあるからなのだ。

たとえば同じ診療報酬でも、公立病院などの報酬と民間病院（開業医）の報酬とでは額が違う。同じ治療をしても、民間病院のほうが多くの診療報酬を得られるようになっているのだ。ほかにも開業医は高血圧や糖尿病の健康管理をすれば報酬を得られるなどの特権を持っている。

また現在、多くの地域で、国公立病院を受診するには、開業医（かかりつけ医）の紹介状が必要ということになっている。紹介状がなく国公立病院に直接行った場合は、初診料が７０００円程度割増しになったりするのだ。

つまりは日本全体の医療費の多くが開業医に流れるようになっているということだ。こういうシステムがあるので、開業医は勤務医の２倍もの収入を得られている。

にもかかわらず新型コロナ禍の際、民間病院の大半は非協力的であり、中には患者も受け入れていないのに多額の補助金だけをせしめるところも少なからずあったのだ。

日本は医師の数が異常に少ない

日本は、病床数、病院数は世界一多いにもかかわらず、医者の数は先進国の中で異常に少ない（表14）。それが、医療を脆弱にしている大きな要因の一つである。

しかも医者の数が少ない理由の一つが、開業医の既得権益を守るためなのであるから二の句が継げない。

現在、日本では開業医は10万軒程度あるが、年間に増える開業医は５００軒程度である。

表14 **人口1000人あたりの医師の数**
（OECD 36ヵ国）

1位	ギリシャ	6.1人
2位	オーストリア	5.2人
7位	ドイツ	4.3人
8位	スウェーデン	4.1人
9位	デンマーク	4.0人
10位	イタリア	4.0人
22位	フランス	3.2人
28位	イギリス	2.8人
30位	アメリカ	2.6人
32位	**日　本（ワースト5位）**	**2.4人**
35位	韓　国（ワースト2位）	2.3人

出所）OECD, Health Statistics 2019

つまり、0・5%しか増えないという計算だ。

それは、日本の開業医のシステムが、新規参入しにくいようになっているからだ。

まず、個人の診療所を開業する場合は、相当の設備投資がかかる。だから、そもそもお金がない人は開業できない。

そして、全国の開業医同士では、「自分たちの縄張りを侵さない」という暗黙の了解があると言われている。各大学の医学部などで、地域ごとにテリトリーのようなものがあり、しかもその出身大学の医学部の中でも、開業するときに「近い場所では開業しない」という暗黙の了解のようなものがある。

こうして一旦、開業すれば、激しい競争にさらされることはなくなるのだ。特に地方ではその傾向が強くなっている。

そのため、地方の個人医院などでは、息子が何浪をしても、医学部に行かせるというような傾向が強いのだ。どんなに医者としての素養がなくても、とにかく医師免許さえ取れば、やっていけるようなシステムになっているからだ。


日本の医療がなぜ、このように開業医にばかり有利になっているのかというと、開業医は「日本医師会」という強力な圧力団体を持っているからだ。

日本医師会は新型コロナ禍で「なかなか感染者を受け入れない」としてたびたび世間の批判を浴びたので、この名称を見聞きした方も多いはずだ。

日本医師会は、日本で最強の圧力団体と言われているが、この団体は「医者の団体」ではなく「開業医の団体」なのである。日本医師会という名前からすると、日本の医療制度を守る団体のような印象を受けるが、実際には開業医の利権を守る団体なのだ。

現在、日本医師会は、「開業医の団体」と見られるのを嫌い、勤務医への参加を大々的に呼びかけており、開業医と勤務医が半々くらいになっている。が、勤務医が日本医師会に入るのは、医療過誤などがあったときの「日本医師会医師賠償責任保険」に加入するためであることが多いとされている。勤務医の大半は、「日本医師会が自分たちの利益を代表しているわけではない」と考えている。

また日本医師会の役員はいまでも大半が開業医であり、「開業医の利益を代表している会」と見ることに間違いはないのだ。

この日本医師会は自民党の有力な支持母体であり、政治献金もたくさんしているので、とても強い権力を持っている。そのため、開業医は、さまざまな特権を獲得しているのだ。そして、その特権を維持し続けているのである。

新卒の医者の数は先進国で最低

日本では医者の数が異常に少ないことを前述したが、表15のデータのように、新規に医者になる人の数も先進国で最も少ない。これでは医者の数は減っていくばかりである。

なぜ日本では新規の医者の数が少ないのか？

表15　人口10万人あたりの新卒医師数
（2019年、OECD 36ヵ国）

1位	アイルランド	24.8人
6位	イタリア	17.6人
18位	イギリス	13.1人
21位	ドイツ	12.3人
29位	ニュージーランド	9.9人
30位	フランス	9.5人
32位	アメリカ	8.1人
33位	カナダ	7.6人
34位	韓　国	7.4人
35位	イスラエル	7.2人
36位	日　本（最下位）	7.1人

出所）OECD, Health Statistics 2021

これも日本医師会の存在が大きく関係している。

日本医師会は医学部の新設に強硬に反対してきたのだ。その理由は「少子高齢化によっていずれ医者が余るようになるから」だとしてきた。つまりは、将来、自分たちの収入が下がらないようにするために、国民に貧弱な医療を強いているということである。

日本は世界的に見て医者が少ないのだから、増やすのが当然の施策である。

もし将来、医者が余れば無能な医者が淘汰されればいいだけの話である。実際に、ほかの業種ではそういう健全な競争が行われている。

しかし、そういう競争が行われた場合、金の力で医者になった開業医の子どもたちが一番に淘汰されるのは目に見えているので、日本医師会は頑強に反対しているのだろうと勘繰りたくもなる。

そして厚生労働省も日本医師会の圧力に屈している。ご存じのように役人は政治家に頭が上がらない。政治家に圧力をかける日本医師会には、厚生労働省も逆らえないわけだ。だから、医者が少ないのがわかっていながら医学部の新設がなかなか認められず、医学部の定員もなかなか増えないのだ。

もちろんツケを負わされるのは国民である。

開業医の世襲化がすすんでいる

このような「開業医」への超優遇政策のため、日本では医者の世襲化が進んでいる。日本の医学部生の約30%は、親が医師なのである。

「開業医の子どもはだいたい医師になる」

という風評が数字の上でも表れているのだ。

しかも開業医の子どもが秀才とは限らない。それはデータからも推測できることだ。というのも親が開業医をしている医学生の約半数が私大生である。

親が開業医以外の医学生の場合、国公立大学進学が80％を超えているので、「開業医の子どもが私大の医学部に入る割合」は異常に高いということになる。

学力の偏差値でいうと国公立大学のほうが、私大よりも平均するとかなり高くなっている。もちろん私大の医学部の中には偏差値が非常に高いところもあるが、全体をならせば国公立のほうがかなり高い。

私大の医学部の学費は、6年間で3000万円以上かかるとも言われ、金持ちでないと通えない。

「開業医の子どもが金を積んで医者になる」

という図式が明確に表れているわけだ。

当然のことながら、日本の医療のレベルは下がる一方である。

寝たきり老人の数…世界1位

日本の寝たきり老人の数は、推定ではあるが世界ワースト1位である。また高齢者における寝たきり割合もおそらく世界ワースト1位である。

なぜ推定かというと、寝たきり老人の数を世界的に調査した近年のデータがないからである。1989年の報告では日本の老人の寝たきり率は、施設入所者でアメリカの約5倍、在宅居住者でイギリスの約3倍、デンマークの約6倍で断トツの世界一だった（厚生科学研究特別研究事業「寝たきり老人の現状分析並びに諸外国との比較に関する研究」データより）。

近年はこの手の調査がないが、日本の寝たきり老人の数はあまり減っていないので、いまでも日本は断トツの世界一だと推定されるのだ。

日本では寝たきり老人が、300万人以上いると推計される。

2020年の介護保険事業状況報告（厚生労働省）では、施設に入所している寝たきり老人だけで、300万人以上おり、自宅等で寝たきりになっている人を含めればさらにその数は増える。

表16　寝たきり老人の数

日本の寝たきり老人の数　300万人以上
…世界ワースト１位

※著者の推定

これほど寝たきり老人のいる国は、世界中どこにもない。

というより、日本以外の国では、医療機関などには「寝たきり老人」はほとんどいないとされている。日本以外の国は、自力で生活できなくなった人に過度な延命治療はしないので医療機関に寝たきりで何年も生きているというような人はほとんどいないのだ。日本が高齢者大国だということを考慮しても、この数値は異常値と言えるだろう。

この寝たきり老人が多いことの原因こそが、日本医療制度の欠陥の原因とも言えるのだ。

なぜ、日本にこれほど寝たきり老人がいるのかというと、医療現場では、「とにかく生存させておくこと」が善とされ、点滴、胃ろうなどの延命治療が、スタンダードで行われているからだ。

自力で食べることができずに、胃に直接、栄養分を流し込む「胃ろう」を受けている人は、現在25万人いると推計されている。

これらの延命治療は、実は誰も幸福にしていないケースが多々ある。寝たきりで話すこともできず、意識もなく、ただ生存しているだけ、という患者も多々いるからだ。

日本の場合、親族などが望んでいなくても、一旦、延命治療を開始すると、それを止めることが法律上なかなか難しいのだ。

「自力で生きることができなくなったら、無理な延命治療はしない」ということは世界ではスタンダードとなっている。日本がこの世界標準の方針を採り入れるだけで、医療費は大幅に削減できるはずだ。

なぜ日本がそれをしないかという一因は、この延命治療で儲かっている民間病院が多々あることだ。そういう民間病院が圧力をかけ、現状の終末医療をなかなか変更させないのだ。

「もう死ぬということがわかっているときには、安らかに死にたい」と多くの人が思っているはずだ。しかし、現在の日本の医療システムはそれを許さない。脳波があり、心臓が動いている限りは、あらゆる装置を使って一日でも長く生きさせようとするのだ。

それは、本人のためでも家族のためでもない。ただただ開業医の利益のためとさえ言ってよいと著者は思う。ここでも「開業医の横暴」が、日本の医療を歪めているのだ。

精神科ベッド数が断トツの世界一

日本の医療において、「開業医が多いこと」と並んでもう一つ非常にいびつな構造がある。それは「精神科病院が多いこと」である。

あまり知られていないが、日本は世界の中で精神科病院がきわめて多い国なのである。しかも「入院型」の病院が多いのだ。

日本に精神疾患患者がそれだけ多いというわけではない。世界全体が精神疾患の治療を「入院型」から、「通院型」へ切り替えているのに、日本だけが「入院型」の治療を続けているからである。

日本の精神科の病床は32万３５００床にのぼり、全病床のうち、21・６％は精神科なのである（２０２１年10月時点）。

これは世界的に見て異常な多さなのだ。

ＯＥＣＤ加盟国の中で、人口１０００人あたりの精神科ベッド数は、日本が２・６床で断トツの１位。２位のベルギーは１・４床なので、ダブルスコアに近い差がある（表17）。

表17

精神科ベッド数

（人口1000人あたり、OECD 36ヵ国）

1位	日　本	2.6床
2位	ベルギー	1.4床
3位	ドイツ	1.3床
12位	フランス	0.8床
26位	カナダ	0.4床
29位	イギリス	0.4床
32位	アメリカ	0.3床
34位	イタリア	0.1床
	OECD平均	0.7床

出所）OECD, Health Statistics, 2020

そしてＯＥＣＤの平均は、０・７床しかない。つまり、日本はＯＥＣＤ諸国の平均よりも、約３・５倍の精神科病床を抱えているのである。

そして、日本の精神科病床にはもう一つ大きな特徴がある。

それは民間の病院が非常に多いということである。精神科病床のうち、９割が民間のものなのである。ＯＥＣＤ諸国の精神科病床のほとんどは公的病院なので、日本のそれは明らかに突出しているのだ。ここにも「開業医の利権」が大きく絡んでいるのだ。

「民間の精神科病床が多い」ということは、日本では「精神科の病床が儲かる」と見ていい。

もし、儲からないのであれば、民間の精神科の病床がこれほど多くなるはずがない。

精神科の病床というのは、世界的に見ると１９６０年代から急激に減少し始めた。薬物治療の発達などで、これまで主流だった入院隔離から、通院治療、社会復帰を促す方向に舵を切ったからだ。

しかし、日本では逆に１９６０年代以降、精神科の病床が増えている。

なぜだろうか？

日本は戦前から１９５０年代まで結核大国であり、民間の結核療養所が多々あった。結核は感染症であり、戦前は不治の病とされ、発病してから死ぬまでの間に、隔離療養する施設が必要だったのだ。が、戦後は抗生物質による治療法が普及し、ほとんどの人が完治するようになった。そのため、療養施設の必要性がなくなった。

その大量の療養施設が、精神科に衣替えした経緯がある。

そして、その大量の日本の精神科病院は、世界の国々が通院治療に切り替えてからも、たくさんの病床を抱え入院治療を継続し続けてきた。

それは、民間の精神科病院の既得権益を守るためであると言っていい。

「国民の健康よりも、民間病院の権益を優先する」

それが、日本の医療の根本姿勢なのである。

「精神科病院が儲かる」システム

日本の精神科病院がきわめて多いのは、儲かるからである。

まず精神疾患の患者からは、確実に治療費が取れる。

生活保護受給者から治療費の取りっぱぐれがない、ということを前述したが、精神疾患患者にも同様のことが言えるのだ。

精神疾患の治療も社会保険が適用されるので、患者の自己負担は3割である。が、精神疾患の場合、自治体が患者の自己負担分を補助しているケースが多いので、患者の負担はゼロになっていることが多いのだ。

また精神疾患で入院するような患者の場合、精神障害者として認定されることも多く、障害年金を受け取ることもできる。すると、障害年金から治療費が支払われることになる。実際、障害年金の受給者の約6割は、精神障害・知的障害の患者なのである。

また精神医療というもの自体、儲けやすい仕組みになっている。

精神科の入院点数は、一般科の入院点数より少ない。だから、一人一人の入院患者から得る収入は、一般の病院よりも少ない。

しかし、精神科病院の入院患者は、あまり手がかからない。普通に生活できる人がほとんどなので、医師や看護士の数は少なくても大丈夫なのである。

しかも、ほかの病気のように、検査や治療のための設備もほとんど必要ない。

つまりストレートに言えば、「元手がかからない」のである。建物さえつくっておけば、後はお金が入ってくるだけである。

しかも、精神科病院は、さらに危ないビジネススキームを持っている。

「一人の患者を長く入院させることで治療費を稼ぐ」

という方法だ。

精神科の平均入院日数は２７５・１日である。

一般病床の平均入院日数が16・１日なので、その差は歴然である。日本の精神科治療が、明らかに「長期入院」を主軸にしていることがわかる。

精神科にはうつ病などでちょっと短期間入院するという人も多く、そういう人たちは１ヵ月程度で退院することになる。

なのに、なぜ精神科の平均入院日数が275・1日にも及んでいるのかというと、何年にもわたって精神科に長期隔離入院させられている患者が多いからである。先進国で、このような長期入院を主体とした治療を行っているところは他にない。日本は完全に世界から遅れているのである。

このようにして、精神科病院は儲かっているのだ。

が、われわれが見過ごしてはならないのは、精神科病院の儲けというのは、われわれの払った税金や社会保険料で賄われているということである。

国の歳出のうち最も大きいのが医療費であることは前述したが、その大きな部分を精神科病院が分捕っていると言っても過言ではないだろう。

日本に集中治療室が少ないのも、PCR検査体制が途上国よりも遅れていたのも、この精神科病院の巨大な利権が影響している――そう著者は考えている。

第3章

なぜ日本経済は中国に喰われたのか？

平成の失われた30年

日本経済は、バブル崩壊以降低迷していると言われている。

特に平成時代は、「失われた30年」とさえ言われ、世界における日本の存在感は薄くなり、国民生活は年々厳しくなっている。

バブル期には、「ジャパン・アズ・ナンバーワン」とも言われ、日本は世界経済を席巻する存在だった。メイド・イン・ジャパンの工業製品は世界市場で圧倒的な強さを示し、電化製品や自動車は世界中に溢れた。

そして日本の経済成功により溜まりに溜まったジャパンマネーは、世界経済の動向に大きな影響を与えるようになった。欧米の有名企業を日本企業が傘下に置いたり、世界の主な都市の象徴的なビルディングを日本の企業が買収したりするような出来事も多々見られた。

たとえば、アメリカ・ニューヨークの象徴とも言える「ロックフェラー・センター」を日本企業が買収して注目を浴びた時代もあった。ロックフェラー・センターというのは、ニューヨーク・マンハッタンの中心部の約8万㎡の敷地に、19の商業ビルを隣接させた複合施設である。アメリカの大企業家であるロックフェラーが、その財力によって1930年から建設を始めたものであり、アメリカの豊かさを象徴する建造物群だった。

またベルリンの壁の跡地には、ソニーが巨大な複合商業施設「ソニーセンター」を建設し、ベルリンの新しい名所ともなっていた。

日本の一人勝ち状態は、世界の羨望とともに激しい「ジャパン・バッシング」を浴びることもあった。

現在では、そういう話は完全に過去のものとなっている。

日本の工業製品は世界市場から次々と退場していき、中国、韓国、そのほかの新興国にその座を奪われつつある。かつて座っていた「世界の工場」の座は、いまや中国や東南アジア諸国に奪われている。ロックフェラー・センターやソニーセンターなどの建造物群は、その大半が日本企業の手から離れている。

本当に日本経済は低迷しているのか？

もしそうならば、原因は何なのか？

表18

GDPの世界ランキング

1位	アメリカ	25兆4,645億ドル
2位	中　国	18兆1,000億ドル
3位	日　本	4兆2,335億ドル
4位	ドイツ	4兆　754億ドル
5位	インド	3兆3,864億ドル
6位	イギリス	3兆　706億ドル
7位	フランス	2兆7,840億ドル
8位	ロシア	2兆2,153億ドル
9位	カナダ	2兆1,398億ドル
10位	イタリア	2兆　120億ドル
11位	ブラジル	1兆9,241億ドル

出所）IMF, World Economic Outlook Database, 2022

本章では、それを国際データから読み解いていきたい。

日本はGDP世界3位を維持しているが

日本経済の実情を語る上で、まずGDPを確認しておきたい。

近年、日本はアメリカ、中国に次いで第3位の座をキープしている（表18）。

1968年に西ドイツを抜いて世界第2位となり、その座を42年間守り続けたが、2010年に中国に抜かれた。またこのまま行けば、2030年前後にインドに抜かれ4位になることが予想されている。

ＧＤＰというのは国内総生産のことであり、いわば日本を一つの企業と見立てた場合の総売上高のようなものである。国全体の総額なので、必然的に人口が多い国のほうが多くなる。

中国が世界第２位に躍り出ているのも、インドが今後、上位に入ってくるのも、人口の多さの影響が大きい。日本が、ヨーロッパ諸国よりも順位が高いのも、人口の多さが関係している。

だから、国民一人一人の経済状況を知るには、「国民１人あたりのＧＤＰ」を比較しなければならない。

なぜ労働生産性が急落しているのか？

表19は、国民１人あたりの名目ＧＤＰの順位である。

この「１人あたりのＧＤＰ」というのは、「労働生産性」とも言われる。国民１人あたり、どのくらい生産性があるかという数値ということである。

日本は、この１人あたりのＧＤＰは１９９６年には５位だった。しかし90年代の終わりから急落し、それから20年以上、下降し続けた。２０２２年では30位にまで落ちているのだ。

表19 国民1人あたりの名目GDPランキング

1位	ルクセンブルク	12万7,580ドル
2位	ノルウェー	10万6,328ドル
3位	アイルランド	10万3,176ドル
4位	スイス	9万2,371ドル
5位	カタール	8万4,425ドル
6位	シンガポール	8万2,808ドル
7位	アメリカ	7万6,348ドル
21位	ドイツ	4万8,636ドル
23位	イギリス	4万5,295ドル
24位	フランス	4万2,409ドル
30位	日本	3万3,822ドル
33位	韓国	3万2,250ドル

出所）IMF, World Economic Outlook Database, 2022

この1人あたりGDPの国際ランキングが下落したことで、「日本人一人一人の生産性が落ちた」というように言われることが多い。経済評論家の多くも「もっと頑張って生産性を上げるべき」ということを述べる人が多い。

しかし、日本の労働生産性（1人あたりGDP）が落ちたのは、国民一人一人の生産性が落ちたからではない。日本の経済構造が90年代以降、急激に変化したからなのである。そしてこの経済構造の変化が、日本経済を歪めさせ国民生活を苦しくしている主因でもある。

90年代以降に起きた経済構造の変化とは何なのか、データとともに明らかにしていきたい。

韓国より低い製造業の労働生産性

日本の１人あたりのＧＤＰが、世界ランキングで急落している要因は実は明白である。製造業における労働生産性が下がっているからである。

表20は、製造業の労働生産性の上位国を、２０００年と２０２０年で比較したものである。２０００年の段階では、日本は世界一を誇っていた。高度成長期からバブル期まで製造業において、世界に抜きん出ていたのであり、製造業が日本経済を牽引してきたのだ。

しかし、２０２０年になると、順位は18位にまで後退している。しかも日本人の多くが日本より遅れていると考えている韓国よりも低いのである。

この製造業での労働生産性の順位低下が、そのまま１人あたりＧＤＰの順位低下に結びついているのだ。

ではなぜ製造業での労働生産性が落ちてしまったのか？

日本人の能力が落ちたのか？

表20 製造業の労働生産性

2000年

1位	**日　本**	**8万6,894ドル**
2位	アイルランド	8万　651ドル
3位	アメリカ	7万8,876ドル
4位	スイス	7万8,367ドル
5位	スウェーデン	7万2,433ドル
6位	フィンランド	7万　948ドル
7位	ベルギー	6万5,037ドル
8位	ルクセンブルク	6万1,548ドル
9位	オランダ	6万　665ドル
10位	カナダ	5万9,608ドル
11位	デンマーク	5万9,517ドル
12位	イギリス	5万9,102ドル

2020年

1位	アイルランド	55万5,848ドル
2位	スイス	20万8,378ドル
3位	デンマーク	16万1,975ドル
4位	アメリカ	15万9,865ドル
5位	ベルギー	12万8,389ドル
6位	スウェーデン	12万3,618ドル
7位	オランダ	12万3,401ドル
8位	イスラエル	12万　907ドル
9位	フィンランド	11万5,345ドル
10位	ノルウェー	11万3,496ドル
16位	韓　国	9万4,137ドル
18位	**日　本**	**9万2,993ドル**

出所）公益財団法人　日本生産性本部「労働生産性の国際比較2022」

決してそうではない。

日本人の能力はいまでも世界的に高い。世界の工業製品には日本人が最初に開発したものや、日本でしかつくれないものは多々ある。日本の製造業が衰退した最大の原因は、生産設備等が日本から海外に移され、国内が空っぽの状態になってしまったことだ。

その経緯をさまざまな国際データとともに明らかにしていきたい。

日本の電機メーカーの衰退の原因

なぜ日本の製造業の労働生産性が落ちたのかを探る上で、最もわかりやすいのが電機メーカーの趨勢である。

家電はかつては日本の主力産業であり、日本の企業は世界シェアの多くを占めていた。しかし現在、世界家電シェアのほとんどは、中国、韓国にとって代わられている。電機メーカーは、この数十年の日本経済低迷の象徴でもある。

日の丸電機メーカーが衰退した経緯の中に、日本経済がどういう変化をしたのか、なぜ低迷していったのかの理由が詰まっているのだ。

表21は2002年と2021年の世界の電機メーカーの売り上げランキングである。

2002年の時点では、日本の電機メーカーは、世界の家電シェアの1位2位を占め、しかもベスト10内に5社も入っていた。

この時期、すでに韓国のサムスン電子や、中国のハイアールも台頭してきていた。にもかかわらず、日本の電機メーカーは、世界で圧倒的な強さを持っていたのだ。

が、2000年代後半になって、韓国や中国のメーカーに凌駕されるようになっていった。日本の電機メーカーは、韓国や中国のメーカーに価格競争で敗れ、シェアをたちまち彼らに奪われた。

2021年のベスト10には、パナソニック1社しか入っていない。しかも2002年の家電売り上げで10位以内に入っていた5社のうち、3社はすでに経営母体が変わっている。三洋電機はパナソニックに買収され、ソニー、東芝は家電部門の一部を分社化したり売却したりしているのだ。

シャープは2002年のランキングで13位に位置していたが、2016年に台湾の鴻海（ホンハイ）グループに買収されたというニュースは、日本中に衝撃を与えた。また同年、東芝の白モノ家電を担っていた「東芝ライフスタイル」は中国企業の「美的集団」に買収さ

表21

世界の電機メーカーの売り上げランキング

2002年

1位	ソニー（日本）
2位	松下電器（現パナソニック）（日本）
3位	サムスン電子（韓国）
4位	フィリップス（オランダ）
5位	LG電子（韓国）
6位	東芝（日本）
7位	エレクトロラックス（スウェーデン）
8位	ワールプール（アメリカ）
9位	日立（日本）
10位	三洋電機（日本）

2021年

1位	サムスン電子（韓国）
2位	ハイアール（中国）
3位	BSH（ドイツ）
4位	LGエレクトロニクス（韓国）
5位	ワールプール（アメリカ）
6位	パナソニック（日本）
7位	美的集団（中国）
8位	エレクトロラックス（スウェーデン）
9位	ハイセンス（中国）
10位	SEBグループ（フランス）

出所）2002年：JETRO調査報告書『中国の台頭とアジア諸国の機械関連産業』「日系家電メーカーにおけるグローバル化の進展と分業再編成」渡邊博子著、2021年：ディールラボ

れた。しかも買収金額は、わずか500億円程度だった。

かつて世界中を席巻していた日の丸電機メーカーの大半が、すでに他国の企業の傘下に組み込まれているのだ。急激な凋落ぶりである。

日本の家電はなぜ中国、韓国に喰われたのか?

表21の二つのランキングを見比べると、なぜ日の丸電機メーカーが衰退したかの理由が見えてくる。

2021年の順位を見ると、意外な事実が浮かび上がってくるのだ。欧米のメーカーは、日本のメーカーと違ってしっかり頑張っているということである。

家電の分野で、日本のメーカーは軒並み苦戦しているが、それは中国、韓国の台頭が主要因だとされてきた。だから、世界全体の家電市場を見渡したときも同様に、中国、韓国のメーカーに席巻されているようなイメージを抱く方も多いだろう。

だが、実は、そうではない。

欧米のメーカーは、2002年にはランキング10位までに3社しか入っていなかったが、

２０２１年には４社が入っている。むしろ、日本のメーカーに席巻されていた１９９０年代ごろと比べれば、シェアは伸びているのだ。

２００２年に10位以内に入っていたアメリカのワールプール、スウェーデンのエレクトロラックスは、いずれも２０２１年で10位以内に入っている。オランダのフィリップスははずれたが、新たにドイツのＢＳＨ、フランスのＳＥＢグループがランクインしている。５社もあった日本のメーカーがパナソニック１社になってしまったのとは対照的である。

つまりは、この20年の世界の家電シェアは、「中国、韓国のメーカーが台頭した」のではなく、「日本のメーカーが凋落した」と見るほうが正しい。

なぜ欧米の電機メーカーは生き残ることができて、日本の電機メーカーは衰退しているのだろうか？

ここに、日本経済衰退の大きな要因が秘められているのだ。

日本の電機メーカーは安易に工場を海外移転させた

各メーカーの主力商品を見ればその理由は見えてくる。

欧米の電機メーカーは、中国や韓国のメーカーとは、あまり競合していないのだ。アメリカのワールプールは、冷蔵庫や洗濯機などの「白モノ家電」が主要商品である。だが、ワールプールの扱う商品は、アメリカ式の大型製品がほとんどであり、業務用も多い。中国の電機メーカーがつくる白モノ家電とは、ちょっと分野が異なるのである。

またスウェーデンのエレクトロラックスも、白モノ家電が主要商品だが、食器洗浄機、調理器具など、キッチン周りの製品が多い。そして、デザイン性に優れ、家電としてだけではなく「家具」として高級感のある品揃えが特徴となっている。

ドイツのBSH、オランダのフィリップス、フランスのSEBグループなども同様に、アジア系の電機メーカーとは、若干、主力商品が違っている。

しかし、日本の電機メーカーの主力商品と、中国、韓国の電機メーカーの主力商品は、まともにかぶっている。冷蔵庫、洗濯機等の白モノ家電は、同じくらいのサイズのものであり、その他の家電にしても同じような商品が多い。

また以前は、分野のみならず単体の商品そのものも似ているものが多かった。中国や韓国の電機メーカーには、明らかに日本製のコピー商品と言える商品が多々あったのだ。構造だけではなく、デザインまでそっくりなものが多く出回っていた。

実は、これは当然と言えば当然の結果でもある。

というのも、日本のメーカーは、早くから中国、韓国に工場を建てて、技術供与をしてきたからだ。

日本の電機メーカーは、1970年代ごろから急速に海外に進出し、東南アジアに工場などを建て始めた。

そして、1985年のプラザ合意以降は、その勢いが加速した。

プラザ合意というのは、アメリカ、日本、西ドイツ、フランス、イギリスの大蔵大臣と中央銀行総裁の会議で決められた合意内容のことである。これにより、5ヵ国は「為替安定のためにお互い協力する」ということになり、日本は「円高」を容認せざるをえなくなった。当時の日本は貿易黒字が積み上がっており（特に対米黒字）、円が実勢に比べて低いレートにあることが、問題視されていたからだ。

円高になるということは、日本製品の価格競争力が損われるということでもある。

これに危惧を抱いた日の丸メーカーは、海外進出を一気に加速させたのだ。人件費の安いアジア諸国に工場を移転し、製品の価格を抑えようと考えたのである。

そして、バブル崩壊後には、この動きがさらに加速した。そのため、90年代後半から、日の丸メーカーの海外移転が急速に進んだ。

日本の企業が海外に進出するということは、日本の技術の海外流出につながる。企業がどれほど技術の流出防止に努めたとしても、外国に工場設備まで建ててしまえば止められるはずがない。そして進出先の国では、当然、技術力が上がる。日本人が長年努力してつくり上げてきた技術が、企業の海外進出によって簡単に外国に提供されてしまうのである。

中国、台湾などの企業が急激に発展したのは、日本がこれらの国に進出したことと無関係ではない。日本がこれらの国で工場をつくり、無償で技術を提供したために、彼らは急激に技術力をつけていったのである。

現在の日本の電機メーカーなどの停滞は、もとはと言えば日本企業が安易に海外進出したことが招いたのである。

企業の論理からすると、当面の収益を上げるために、人件費の安い国に進出したくなるものであろう。が、これは長い目で見れば、決してその企業の繁栄にはつながらない。進出先の国でその技術が盗まれ、安い人件費を使って、対抗してくるからである。

つまり、日本企業は、自分で自分の首を絞めたのである。台湾の電機メーカー「鴻海精密工業」に買収されたシャープは、その典型的な例である。

デジタル競争力で韓国、台湾、中国にも負ける

表22は、スイスのシンクタンク「国際経営開発研究所（ＩＭＤ）」が発表しているデジタル競争力ランキングである。

これを見ればわかるように、日本は29位であり、韓国、台湾よりもはるかに低く、中国よりも低い。またイギリス、ドイツ、フランスなどの先進国と比べても低い。

このデジタル競争力ランキングは、ＩＭＤが独自に分析した結果であり、真に客観的なデータとは言えない。しかし、日本が世界から「デジタル競争力は大したことはない」と思われているということは、否めない事実である。

デジタル分野というのは、最先端の科学技術であり、この分野で後れを取るということは、科学立国としての立場がかなり危ういということでもある。

20〜30年前まで、日本は世界に冠たる科学立国であり、デジタル大国だった。

携帯電話をいち早く実用化したのも、デジタルカメラ、カーナビ、インターネットが利用

表22　**デジタル競争力**（2022年）

1位	デンマーク
2位	アメリカ
3位	スウェーデン
4位	シンガポール
5位	スイス
6位	オランダ
7位	フィンランド
8位	韓　国
9位	香　港
10位	カナダ
11位	台　湾
16位	イギリス
17位	中　国
19位	ドイツ
22位	フランス
29位	日　本

出所）IMD, World Digital Competitiveness Ranking 2022

できる携帯電話、カメラが搭載された携帯電話などを最初につくったのも日本だったのである。パソコンの原型とも言える小型電卓や、いまではデジタル分野では欠かせないアイテムであるフラッシュメモリーやＳＤカードをつくったのも日本なのである。

この20～30年で、日本のデジタル競争力が急速に落ちてきたのは、やはり「安易な海外進出による技術流出」「雇用を大事にしなか

表23　主要先進国の国内設備投資
（2021年。2000年を100とした場合）

日　本	108.7
アメリカ	177.5
イギリス	116
ドイツ	124.7
フランス	151.4

出所）内閣府、「令和４年度 年次経済財政報告・設備投資の国際比較」

ったことによる人材難」が大きな要因と言える。また国全体の視点で言えば、高等教育をおろそかにしてきたことが大きく影響しているのだ。

国や大企業が自国民を大事にせずに、目先の収益ばかりを追い求めた結果が、デジタル競争力の低下に如実に表れているのである。

この20年間、設備投資がほとんど増えていない

工場を安易に海外に移転させたのは、電機メーカーだけではない。日本の主要産業の多くが、工場や生産設備を海外に移したのだ。

それはデータにも明確に出ている。

表23は、主要先進国におけるこの20年間の設備投資の増減を示したものである。日本は、ほとんど増えていないのだ。

つまり、国内の工業生産力はほとんど上がっていないのである。

先進国というのは、途上国に比べると設備投資の伸びは鈍い。先進国は設備が整っているので、どうしても増加速度は落ちるのだ。その設備投資が少ない先進国と比べても、日本はひときわ少ないのだ。

この20年間、世界経済は大きく拡大し、工業生産も爆発的に増加している。にもかかわらず、日本の工業生産能力はほとんど上がっていない。日本の企業は、国内の生産設備を整えるよりも、海外に工場を建設することを優先してきたのだ。

日本から海外への投資ばかりが激増

そして日本は国内への設備投資は止まっているが、海外には盛んに設備投資を行っている。

表24は、日本から外国への直接投資残高と、外国から日本へ

表24　日本と外国との直接投資残高
（2021年末）

日本→外国	直接投資残高…	1兆9872億ドル（約260兆円）
外国→日本	直接投資残高…	3518億ドル（約46兆円）

出所）JETROサイト

の直接投資残高の数値である。日本から外国への投資は、外国から日本への投資の5倍以上になっている。日本は、外国との投資において大幅な「輸出超過」になっているのだ。

つまりは、日本は外国に巨額の投資をしているけれど、外国からはあまり日本に投資をしてくれていない、ということである。

日本の経常収支は、長い間黒字が続いているが（詳細は第5章）、それはこの「対外投資超過」のためなのである。

そして、日本経済の大きな問題点である「国内の工場がどんどん海外に移転していく」ということも、この数値に表れているのだ。

工場の海外移転が労働生産性を低下させた

表25は、外国からの投資額をGDP比にしたものである。

これを見ればわかるように日本は、自国での設備投資が増えていないだけではなく、「外国が日本に投資をする額」も非常に少ない。

つまりは、日本国内の生産設備は、この20年間、ほとんど生産力が上がっていない、スカ

表25

先進主要国の対内直接投資（GDP 対）の割合（2015年末）

イギリス	51.1％
カナダ	48.7％
ドイツ	33.4％
アメリカ	31.1％
韓　国	12.7％
中　国	11.1％
日　本	4.1％

出所）外務省サイト「UNCTAD 世界投資報告書」

スカの状態なのだ。そして国内で生産をしない、ということは、「日本の労働生産性が低い」ということにもつながっているのだ。

「日本企業が海外進出しても、企業の収益が増えるのであれば、結果的に日本に利益をもたらす」と述べる経済評論家などもいる。

が、これは、経済の数字をまったく知らない人の意見である。

仮に、日本国内で、90億円の経費をかけて100億円の売り上げを上げ、10億円の収益を得ている日本企業があるとする。この企業が海外に工場を移転して経費を削減し、20億円の収益を得たとしよう。この企業は海外進出をすることで10億円の増収であり、その分の利益を日本にもたらしているように見える。

しかし、実際はまったく違う。

その企業は、日本国内で活動しているときには10億円の収益しか得られていなかったにしても、その10億円の収益を得るためには、90億円の経費を投じているわけである。その経費はすべて日本国内に落ちるわけだ。

それは多くの雇用を生むことになるし、国内の下請け企業などの収益にもなる。

言ってみれば、この企業は10億円の収益と合わせて、１００億円の経済効果を生んでいたのである。

しかし、海外に進出してしまえば、90億円の経費が国内から消えてしまうことになる。工場で働いていた人たちは解雇されてしまうし、国内の工場がなくなれば管理業務も大幅に減るので、正社員も減ることになる。工場に資材や部品を納入していた下請け業者たちも仕事がなくなる。

誰も得をしない、悪いこと尽くめである。

その対価として日本にもたらされるお金は20億円だけである。この企業は20億円の経済効果しか生まないのである。

つまり、国内に工場があったときには、日本に１００億円の経済効果をもたらしていた企業が、工場を海外移転することによって、20億円の経済効果しかもたらさなくなったということだ。

似たような事態は、近年、日本中のあちこちで生じているのだ。

また国内に工場があった場合、工場の利益だけではなく、人件費などもＧＤＰに加算される。逆に工場が海外に移転してしまえば、人件費などがなくなるので、その分ＧＤＰが減ることになる。それが、日本のＧＤＰや労働生産性が伸びていない最大の原因なのである。

企業のグローバル化は必ずしも善ではない

ここまで読んでこられた方の中には、

「企業のグローバル化がこんなにリスクが大きいのであれば、これから日本企業は立ち行かないではないか」

と思った人もいるだろう。

日本人のビジネスパーソンの多くは、

「日本のような資源の乏しい国が厳しい国際競争を勝ち抜いていくためには、海外展開が不可欠」

と思っている。だから、グローバル化にはリスクが多々あるということであれば、今後の日本経済はどうなるのか、と不安を抱く人も多いと思われる。

しかし、大所高所からこの問題を分析してみると、日本が抱くべき懸念はそこではない、ということがわかる。

まず考えていただきたいのは、

「そもそも企業のグローバル化は、国に益をもたらしているのか？」

ということである。

「海外進出」

というと聞こえはいいが、要は日本の工場や技術を海外に移転するということである。すなわち、日本の工場で働いていた労働者は職を失うことになる。また国内で部品などをつくっていた下請け企業も、仕事が減ることになる。

当然のことながら、それは日本経済に大きな悪影響を及ぼすのだ。

しかも再三述べてきたように、工場の海外移転によって、日本の技術力が無償で海外に移転されてしまうことになる。

つまり、日本企業はグローバル化により、人件費や製造費用の莫大な金を外国に落とし、技術力も無償で提供することになるのだ。

人件費削減などで、企業収益は一時的に上がるだろうが、ちょっと長い目で見れば、自分で自分の首を絞めているようなものである。そして、現在、東芝などの電機メーカーは、その報いが来ているのである。

株主にばかり目がいく企業

このように、企業の海外移転は、日本国内にはまったく益をもたらさない。それにもかかわらず、なぜ企業は海外移転を進めてきたのか？

いくら国際競争力を維持するためとはいえ、国内の社員や地域の人々や国に益をもたらさないのであれば、何の意味も持たないはずだ。

それでも、企業が海外移転を推し進めるのは、「株主」のためである。

先ほど、工場の海外移転は誰も得をしない、と述べたが、企業が海外移転をし、収益を増やせば、実は株主だけは得をするのだ。

だから企業は、国のためにはまったくならないとわかっていながら、海外移転を進めてきたのだ。

「企業は株主のためにあるのだから、それは仕方がないのではないか」と言う人もいる。

が、これは形式上の理論にすぎない。

確かに、建前のうえでは、会社の所有者は株主であり、会社は株主が儲かることをするべき、ということになっている。

しかし、会社が存続し発展してきたのは、国や地域がインフラを整え、優秀な国民を育ててきたからである。だから、「会社の所有者は株主なのだから、株主のためなら会社は何をしてもいい」というのは、許されるものではない。それは、日本よりもむしろ資本主義発祥の地である欧米で重きを置かれている考え方である。

欧米の企業は、日本企業のように、国内の工場を簡単に海外に移転することは少ない。工場労働者や下請け企業などとの折衝を行い、なるべく皆が大きなダメージを受けないような方策が採られる。

資本主義の歴史が長い欧米では、資本主義の矛盾についてもよく知っている。そのため、労働者の権利などを守るシステムは日本よりもはるかに整っており、日本のように、安易に工場の閉鎖や縮小はできないようになっているのだ。

日本では、そういった配慮はされず、ただただ「株主のため」という建前論を振りかざし、工場の大量海外移転などを進めてきたのだ。

著者は、日本がアジア各国の発展を願い、技術供与のために工場を海外移転しているのであれば、異議を唱えることはない。しかし、日本企業の海外進出は、そんな高尚な精神があるわけではなく、ただただ目先の企業収益を上げるためなのである。日本企業は工場を海外移転する一方で、日本国内では名ばかりの技能実習制度でアジアの人々を呼び寄せ、ひどい条件でこき使っているという現状もあり、国際社会からも「奴隷労働」と批判されている。

株主と従業員を同じように大事にする欧米企業

欧米の企業が株主だけを向いているわけではない、という例として、欧州の代表的な自動車メーカーであるドイツのフォルクスワーゲンを見てみたい。

同社は伝統的に、従業員を非常に大事にしている。

そもそもドイツの法律では、大企業の経営を監査する「監査役会」の人員の半分は、労働者代表が占めることになっている。

そのため、安易な人員削減はできない。実際、フォルクスワーゲンのドイツ国内の工場は、閉鎖されたことがないし縮小もあまりない。

自動車業界は国際競争の激しい分野であり、どこの国のメーカーも人件費を削減して、コストを抑えたい。当然、フォルクスワーゲンにも、そういう欲求がある。

が、フォルクスワーゲンは、決して安易に人員削減することはない。1990年代のドイツ自動車業界の大不況のときにも人員削減をせず、「労働時間を短縮することで賃金を削減すること」を労使が合意した。

期間工6000人を簡単に切ったり、大規模な派遣切りをしたりして世間の批判を浴びたトヨタとは、まったく企業体質が違うのである。

またフォルクスワーゲンは、ドイツ国内だけではなくEU内での雇用にも配慮している。

たとえば、2006年のヨーロッパ経済不況のとき、ドイツ国内の雇用を守るため、ベルギー工場の閉鎖を検討していたが、フォルクスワーゲン本社の労働組合の働きかけにより、ベルギー工場の閉鎖は免れた。

またオープンカーの生産拠点であったポルトガル工場では、過剰人員を抱えていた。オープンカーは季節的に需要の変動があるからだ。フォルクスワーゲンは、過剰人員を削減することはせず、ポルトガル工場で、別車種の生産を行ったり、同工場の従業員200人をドイツ国内に研修という枠組みで呼び寄せたりした。

ドイツはEUのリーダーであり、フォルクスワーゲンもリーダー国の企業としての責任を果たしているということである。

フォルクスワーゲンも、近年の国際化の潮流の中で、世界中に生産拠点をつくっている。が、先ほども言ったように、国内の工場は決して閉鎖しないし、いまでも生産の約50%はEU内で行っている。ドイツ国内やEUでの雇用はしっかり守ろうということである。

フォルクスワーゲンは、このように、ドイツ国内やEU内の従業員を手厚く保護したうえで、トヨタやホンダなどとの熾烈な販売競争を繰り広げているのである。

日本の電機メーカーが軒並み中国、韓国の電機メーカーに飲み込まれていく中で、欧米の電機メーカーは健在であることを前述した。これも、企業姿勢に要因の一つがあると思われる。

欧米のメーカーも、海外にたくさんの工場をつくっているが、国内の工場を非常に大事にする。そして、製品の重要な部分は、国内の工場でつくることが多い。そのため、技術の流出が避けられ、中国メーカーや韓国メーカーの模倣を防いでいる面があるのだ。

「貿易黒字」「経常収支黒字」にばかりこだわる日本

日本の企業が安易にグローバル化を進めてきた理由として、国の政策も大きく関係している。

日本の政府は、戦後一貫して、輸出が増進するような経済政策を行ってきた。輸出企業には税制上の優遇策を施したり、補助金を投入したりしてきた。

近年、中国企業などの台頭で輸出が厳しくなると、日本企業の海外移転を後押しし、「経常収支」の黒字をめざすようになった。経常収支というのは、輸出入だけではなく、配当などの資本の取引を含めた、すべての海外取引の収支のことである。

貿易で黒字が出せなくても、経常収支で黒字が出せれば、国の対外収支は黒字ということになる。

政府は、これに非常にこだわったのだ。

なぜ政府は、これほど「貿易黒字」や「経常収支の黒字」にこだわるのか？

日本人の多くは、「日本は輸出で持っている国」と思っている。だから輸出が減れば、国が危うくなるような意識を持っている。

そして、日本経済は、戦後、長い間、貿易収支や経常収支を黒字にすることを最大の目標としてきた。

「たくさん輸出をして、たくさん外貨を獲得すれば、国は豊かになれる」

という発想である。

確かに、高度成長期までは、この方針は日本経済にぴったり合っていた。

戦後の日本は、非常に貧しく、産業設備も整っていなかった。逆に言えば、「伸びしろ」が非常に大きかったのだ。

そんな中で、輸出を増やし、外貨を獲得するというのは、国を豊かにする最も手っ取り早い手段だった。

日本は早くから教育制度を整えていたため、優秀な人材が多く、潜在的な産業力は大きかった。しかも、欧米に比べて、人件費は著しく安い。そのため、戦後の復興が一段落すると、日本の製品は強い輸出力により、欧米市場を席巻することになった。

アジア諸国のほとんどはまだ独立したばかりで国内は混乱しており、産業の点では日本に遠く及ばなかった。

欧米並みの技術力を持ちながら、アジア並みの人件費で済む日本は、世界市場で圧倒的な強さを持つことになった。

高度成長期からバブル期にかけての日本の繁栄は、そういう好条件のもとで成し遂げられたのである。

高度成長期の日本は、本当においしい思いをしていた。

年に10％近いような経済成長を記録し、国民は10年足らずで所得が倍増し、生活は急速に豊かになった。毎年、毎年、予想をはるかに上回る税収が国庫に流れ込んできた。政府は、税収の使い道に困るほどであり、いまのように「財政赤字に苦しむ」などという事態は、まったく想像できないものだったのだ。

「高度成長期の再来」を期待するという愚

そして、日本の政府や財界は、依然として「高度成長期の再来」を夢見ているフシがある。

「高度成長期のような爆発的な経済成長が起きれば、財政問題や経済問題はすべて解決する」

という、甘い考えをぬぐいさることができていない。そのため、賃金を据え置いたり、企業ばかりを減税したりするなどで、企業の収益を最優先する政策を行ってきた。

確かに、毎年10%近いような経済成長をもし起こすことができれば、いまの財政問題、経済問題のほとんどは解決するだろう。

しかし、冷静に考えれば、これは絶対に無理な話である。

「現在」と「高度経済成長期」とでは、世界経済の情勢はまったく違う。

高度経済成長期当時は、まだ世界全体で開発が進んでおらず、東南アジアなどはいまよりはるかに遅れていた。アジアの中で工業製品を輸出できる国は、日本くらいしかなかったのである。だからこそ、日本は爆発的な勢いで、経済成長することができたのだ。

また当時の日本は、欧米に比べると工業設備等が遅れており、儲かったお金を産業に投資することで、さらに経済成長するという好循環があった。

しかし、現在の状況は、当時とはまったく違うのである。

いまの日本は、もう産業設備は相当に整っている。だから、それほど大きな投資をする余地はない。またアジアや世界中の地域が発展し、競争相手も激増している。東南アジア、中国の成長は著しく、日本製品は、価格競争ではすでに太刀打ちできない。

そんな中で、日本がかつてのように輸出を急増させたり、爆発的に成長したりするのは絶対に不可能なのである。

企業の海外進出を後押しする日本政府

にもかかわらず、政府は輸出の増進を推奨し、輸出企業を優遇する経済政策を行ってきた。

たとえば、消費税は輸出企業にとって、非常に有利な税金なのである。近年、日本では、税収の柱を消費税に置きつつある。

それは、輸出企業を優遇していることの裏返しでもあるのだ。

消費税には、「戻し税」という制度がある。これにより、輸出企業は「納める消費税」よりも、「還付される消費税」のほうが多くなる、という現象が起きているのだ。ありていに言えば、「消費税で儲かっている」のだ。

なぜこのような不思議な制度があるのか、簡単に説明したい。

消費税というのは、「国内で消費されるものだけにかかる」という建前がある。だから、輸出されるものには、消費税はかからない。

ところが、輸出される商品は、国内で製造する段階で、材料費などで消費税を支払っている。そのため「輸出されるときに、支払った消費税を還付する」のである。

それが、戻し税という制度なのである。

消費税の建前上の仕組みから言えば、この戻し税というのは、わからないことでもない。輸出企業は、製造段階で消費税を払っているのに、売り上げのときには客から消費税をもらえないので、自腹を切ることになる。

それは不公平だ、ということである。

しかし現実的には、この制度は決して公平ではない。

というより、この戻し税は事実上、「輸出企業への補助金」となっているのだ。というのも、大手の輸出企業は、製造段階できちんと消費税を払っていないことが多いからである。

下請け企業などは、メーカーに製品を納入するとき、価格に消費税をなかなか転嫁できない。製造部品などの価格は、下請け企業が勝手に決められるものではなく、発注元と受注企業が相談して決めるものである。となると、力の強い発注元の意見が通ることになり、必然的に消費税分の上乗せというのは難しくなる。

となると、輸出企業の大手メーカーなどは製造段階で消費税分を払っていないにもかかわらず、戻し税だけをもらえる、ということになるのである。


政府が後押ししているのは、「輸出」だけではない。

企業のグローバル化も強力に推奨しているのだ。

たとえば、現在の税制には「外国子会社からの受取配当の益金不算入」というものがある。

これは、どういうことかというと、外国の子会社から配当を受け取った場合、その95％は課税対象からはずされる、ということである。

たとえば、ある企業が、外国子会社から1000億円の配当を受けたとする。この企業は、この1000億円の配当収入のうち、950億円を課税収入から除外できるのだ。

つまり、950億円の収入については、無税ということになるのだ。

なぜこのような制度があるのか？

建前のうえでは、「現地国と日本で二重に課税されるのを防ぐ」ということになっている。

外国子会社からの配当は、現地で税金が源泉徴収されているケースが多い。もともと現地で税金を払っている収入なので、日本では税金を払わなくていい、という理屈である。

しかし、この理屈には大きな矛盾がある。

現地国で払う税金と日本で払う税金が同じならば、その理屈は正当なものだと言えるだろう。たとえば、もし現地国で30％の税金を払っているのであれば、日本の法人税を免除にしても問題ない。

が、配当金の税金というのは世界的に見て法人税よりも安いので、結果的に企業が得をしているケースが多いのだ。

たとえば、1000億円の配当があった場合、現地での源泉徴収額は、だいたい100億円程度である。

しかし、日本で1000億円の収入があった場合は、本来、300億円程度の税金を払わなければならない。

つまり、現地で100億円の税金を払っているからという理由で、日本での300億円の税金を免除されているのだ。実際は、もう少し細かい計算が必要となるが、ざっくり言えば、こういうことである。

配当に対する税金は、世界的にだいたい10％前後である。途上国や、タックスヘイブンと呼ばれる地域では、ゼロに近いところも多い。

それに対して法人税は、世界的に見て20～30%である。日本も23・2%である（法人住民税を入れて30%前後）。だから、「現地で配当金の税金を払ったから、本国の法人税を免除する」ということになれば、企業側が儲かるのは目に見えているのだ。

アメリカの子会社が日本の本社に配当した場合、源泉徴収額は10%である。一方、日本の法人税は23・2%である。

アメリカで10%徴収されている代わりに、日本での25%近い徴収を免除される。その差額分が、本社の懐に入っているわけだ。

理屈から言って、海外子会社が現地で支払った受取配当金の源泉徴収分を、日本の法人税から差し引けば、それで済むわけである。法人税を丸々、免除する必要はないはずだ。

たとえば、アメリカで100億円の税金を払っているならば、日本で払うべき232億円の税金から100億円を差し引き、残りの132億円を日本で払うべきだろう。にもかかわらず、アメリカで100億円を払っているから日本の232億円の税金を丸々免除してしまっている。

つまりは、企業のグローバル化を、政府が後押ししているのだ。

政府がこのようなグローバル企業優遇策を推進すれば、当然、企業のグローバル化は加速することになる。

国内でモノづくりを頑張るより、海外に工場をつくって子会社化したほうが得をする、ということである。

この事態は、確実に日本経済を蝕んでいる。

「途上国への支援額」が急減

日本の経済低迷は、国際関係にも大きな影響を及ぼしている。

その最たるものが、途上国への援助である。

表26は、2020年の途上国支援総額が多い国である。日本はOECD加盟国の中では、アメリカ、ドイツ、イギリスに次ぐ4位であり、援助が多いように見えるが、かつてに比べれば大きく後退しているのだ。

日本は90年代後半、世界で最も途上国を支援する国だった。1989年にはアメリカを抜いて世界1位となり、その後10年の間、1990年を除き1位を守り続けた。

表26

途上国支援額

（2020年、OECD 開発援助委員会加盟国）

1位	アメリカ	356億ドル
2位	ドイツ	287億ドル
3位	イギリス	186億ドル
4位	日　本	163億ドル
5位	フランス	141億ドル
6位	スウェーデン	63億ドル
7位	オランダ	54億ドル
8位	カナダ	51億ドル
9位	イタリア	42億ドル
10位	ノルウェー	42億ドル

出所）外務省サイト「途上国援助（ODA）総額の多い国」

またこのデータは、OECD開発援助委員会の加盟国のものである。中国、ロシアなどは加盟しておらず、データが含まれていない。が、おそらく中国はアメリカに次ぐ第2位だと思われ、日本は5位に低落しているのだ。

中国がアジア、アフリカなどの途上国に対して大きな存在感を示しているのに対し、日本の存在感は年々薄いものになっている。このままいけば、日本の国際的地位はますます低下していくことは間違いない。

第4章

先進国で最悪の貧富の格差

なぜ日本は格差社会になったのか？

現在、日本では深刻な経済格差が生じつつある。メディアでも時々報道されるのでご存じの方も多いだろう。

が、国民の多くはあまりそれを実感していないと思われる。

日本には、スラム街のような貧困者ばかりが暮らす地域はほとんどない。また路上生活者が目立って増えているわけでもない。昔のような、明らかな貧困者は社会の中にあまりいないし、ほとんどの人が普通に生活しているように見えるので貧富の差が感じられないのである。

しかし毎日働いているのに食うだけで精いっぱいの人、家計が苦しいので進学をあきらめた人、お金が足りないので二人目の出産を諦めた人などは、確実に増えている。

また、いよいよ生活が立ち行かなくなり、自殺を選択する人も増えている。つまり、貧しい人、生活に困っている人は、社会の中で隠されてしまっているのだ。

また、富裕層も社会の中で隠されてしまっている。現在、日本では巨額の富を持つ、超富裕層が激増している。しかし、多くの国民はそれに気づいていない。日本では、都心部に広大な邸宅を持ったり、何人も家人を雇ったりしているような「見るからに金持ち」という人はあまりいない。

しかし、日本の富の多くを、一部の人たちが握りつつあることは、データ上、間違いがない事実なのである。

ほんの30年前の日本はそうではなかった。

バブル崩壊前までの日本は、「一億総中流」とも言われ、とびぬけた金持ちはそれほどいないけれど国民のほとんどがそこそこ豊かな生活ができる国だった。

その日本がたったの30年で、世界の中でも格差が激しい国となったのである。

なぜ日本の経済格差がこれほど大きくなったのか?

その経済格差は、社会や人々の生活にどんな影響を与えているのか?

各種のデータを用いて追究していきたい。

世界有数の個人金融資産

第3章で述べたように1人あたりのGDPは30位に沈んでしまっている日本だが、1人あたりの金融資産はまだ世界12位の位置を保持している（表27）。

主要先進国の中では、アメリカ、イギリスよりは低いが、フランス、ドイツよりは高い。しかも近年、日本は急激な円安となっており、ドル換算にすると不利になる。にもかかわらず、12位の位置をキープしているのだ。

円換算にすると、日本人の個人金融資産は近年、かなりの勢いで増加している。日本銀行の統計によると、2022年の時点において、個人金融資産は2000兆円を超えたという。

これは、生まれたばかりの赤ん坊から100歳を超える老人まで、すべての日本人が1人あたり平均約1500万円、家族4人だったら計6000万円の金融資産を持っている計算になる。

表27　1人あたりの個人金融資産額

1位	アメリカ	31万6,573ドル
2位	スイス	29万7,081ドル
3位	デンマーク	23万1,799ドル
4位	オランダ	22万9,431ドル
5位	ルクセンブルク	20万5,700ドル
6位	スウェーデン	19万7,108ドル
7位	カナダ	18万2,707ドル
8位	ベルギー	16万9,812ドル
9位	オーストラリア	16万5,342ドル
10位	イギリス	16万1,625ドル
12位	日本	15万9,595ドル

出所）OECD, Household financial assets, 2020

あまり知られていないが、日本の個人金融資産は、バブル期以降激増しているのだ。

バブル期の1990年の段階では、個人金融資産は1017兆円だった。が、現在は2000兆円以上に達している。三十数年の間に、2倍近くにまで増加しているのだ。

しかも、平成の30年というのは、日本経済は「失われた30年」とさえ呼ばれる苦しい時代のはずだった。

多くの読者の皆さんは、このことに違和感を持たないだろうか？

自分は、そんなお金は持っていないと。

もちろん、そうである。この個人金融資産の大半は、一部の富裕層に集中しているのである。つまりは、増加した富裕層へのお金の集中が起きているということである。

先進国最悪レベルの貧困率

日本は、国全体では大きな個人資産を持っているが、その富は非常に偏っている。

表28は、OECD34ヵ国における相対的貧困率である。

相対的貧困率というのは、ごく簡単に言うと、その国民の平均所得の半分以下しか収入を得ていない人たちがどのくらいいるかという割合である。

たとえば、国民の平均所得が500万円の場合は、250万円以下で生活している人がどのくらいの割合で存在するか、という数値である。

相対的貧困率は、そのまま貧困者がどれだけいるかという数値ではない。相対的な貧困率なので、その国の平均所得の多寡によって貧困具合は変わってくる。

が、「どれだけ格差が大きいか」ということを知るうえでは重要な指標となる。

また、日本の場合、昨今、国民の平均所得はOECDの中でも下のほうに属するので、相対的貧困率が低いということは、絶対的貧困率もかなり低いことを意味する。つまりは、貧

表28
相対的貧困率ワーストランキング
（OECD 34ヵ国）

1位	イスラエル	20.9
2位	メキシコ	20.4
3位	トルコ	19.3
4位	チ　リ	18.0
5位	アメリカ	17.4
6位	日　本	16.0
7位	スペイン	15.4
8位	韓　国	14.9
9位	オーストラリア	14.5
10位	ギリシャ	14.3
17位	イギリス	9.9
25位	フランス	7.9

出所）OECD（2014）Family database "Child poverty"　内閣府「平成26年版 子ども・若者白書・第1部第3章第3節子どもの貧困」

困層が急激に増えているということである。

日本より相対的貧困率が高い国は、紛争が絶えないイスラエルや、たくさんの民族が共存している多民族国家ばかりである。多民族社会というのは、どうしても貧富の差が生まれやすい。先に住んでいた民族や経済力のある民族と、後からきた民族との間に経済格差があるのは当たり前だからだ。日本にも少数民族は存在し移民も増えているが、人口構成比率のうえではほとんど「単一民族」と言っていい状況である。ほぼ単一民族の国でこれほど貧富の差が激しい国というのは稀である。

何度か触れたが、かつての日本はそうではなかった。90年代前半までの日本は、一億総中流とも言われ、「貧しい人がない社会」をほぼ実現していたのだ。しかし90年代後半から坂道を転がり落ちるように、格差が広がり、現在では世界でも有数の激しい格差社会となった。

その原因は、実は非常に単純である。

90年代以降の日本では、企業が従業員の賃金を低く抑え込んだ。それは国際レベルから見てもありえないほどの抑え込み方だった。そのため低収入層が増え、必然的に貧困層が拡大したのである。

韓国よりも安い日本の賃金

昨今、ＯＥＣＤから衝撃的なデータが発表された。

２０２０年のデータによると、日本人の給料は韓国より安いということが判明したのである。日本の平均賃金はＯＥＣＤ加盟35ヵ国の中で22位であり、19位である韓国よりも年間で38万円ほど安くなっているという結果が出たのだ。

表29　平均賃金（OECD 35ヵ国、2021年）

1位	アメリカ	7.47万ドル
2位	ルクセンブルク	7.37万ドル
3位	アイスランド	7.20万ドル
4位	スイス	6.90万ドル
5位	デンマーク	6.13万ドル
6位	オランダ	6.09万ドル
7位	ベルギー	5.91万ドル
11位	ドイツ	5.60万ドル
14位	イギリス	5.00万ドル
16位	フランス	4.93万ドル
20位	韓　国	4.27万ドル
24位	**日　本**	**3.97万ドル**

出所）OECD, Average annual Wages, 2022

このＯＥＣＤの賃金調査は名目の賃金ではなく「購買力平価」である。購買力平価というのは、「そのお金でどれだけのものが買えるか」という金額のことである。

だから賃金の額面とともに、その国の物価なども反映される。つまり「その賃金の購買力を比較している」というわけだ。

ということは、日本人は韓国人よりも、38万円分も生活が厳しいということになる。

しかも表29のように２０２１年にはさらにランクを落とし、日本は24位となってしまった。韓国は20位である。

日本はOECD全体の平均よりも年間1万ドル以上安くなっている。つまりは、日本人の賃金はOECDの平均よりも、130万円程度低いということである。日本は先進国の中では、低賃金国となってしまったのだ。

2022年には、ウクライナ戦争による急激な円安進行のため、日本の購買力平価はさらに下がったと思われる。

そして、この賃金低下こそが、日本経済の地盤沈下の大きな要因でもあるのだ。

先進国で賃金が上がっていないのは日本だけ

日本経済が停滞している要因として、「安易な海外進出」とともに「賃金が下がっていること」が考えられる。

日本の賃金が韓国よりも低くなっていることは前述したが、その原因は日本では30年近く賃金がほとんど上がっていないことなのである。

表30は、主要先進国の1997年を基準とした賃金増加率を示したものである。これを見れば、先進諸国は軒並み50％以上上昇しており、アメリカ、イギリスなどは倍近い金額にな

表30
先進諸国の賃金
（2017年、1997年を100とした値）

イギリス	187
アメリカ	176
フランス	166
ドイツ	155
日本	91

出所）『日本経済新聞』2019年3月19日「ニッポンの賃金・上」

っていることがわかる。その一方で、日本だけが下がっている。しかも約1割も減っているのだ。

イギリスの187％と比較すれば、日本は半分しかない。つまりこの20年間で、日本人の生活のゆとりは、イギリス人の半分以下になったと言える。

この20年間、先進国の中で日本の企業だけ業績が悪かったわけではない。

むしろ、日本企業は他の先進国企業に比べて安定していた。経常収支は1980年代以来、黒字を続けており、東日本大震災の起きた2011年でさえ赤字にはなっていない。企業利益は確実に上昇しており、企業の利益準備金（企業による利益を積み立てたお金）も実質的に世界一となっている。

にもかかわらず、日本企業は従業員の待遇を悪化させてきたのだ。

日本最大の企業であるトヨタでさえ、2002年から20

15年までの14年間のうち、ベースアップしたのはわずか5年だけである。2004年などは過去最高収益を上げているにもかかわらず、ベースアップがなかったのだ。

バブル崩壊以降、日本企業の業績は決して悪くなかった

日本の企業の業績は、バブル崩壊以降も決して悪くはなかったのだ。

表31のように、2002年から2021年までの20年間で、日本企業の経常利益は倍以上になっている。

トヨタをはじめ2000年代に史上最高収益を更新し続けた企業も多々あるのだ。そして、日本企業は、企業の貯金とも言える「内部留保金」をバブル崩壊以降の30年で、激増させているのである。

日本企業は、海外市場での存在感は低下していたが、各企業の収益力という点においては衰えていなかったのだ。

バブル崩壊以降、国民の多くは「日本経済は低迷している」と思って、低賃金や増税に耐えてきた。しかし、その前提条件が、実は間違っていたのである。

表31　日本企業全体（金融、保険以外）の経常利益の推移

2002年度	31.0兆円
2004年度	44.7兆円
2006年度	54.4兆円
2008年度	35.5兆円
2010年度	43.7兆円
2012年度	48.5兆円
2014年度	64.6兆円
2016年度	75.0兆円
2018年度	83.9兆円
2020年度	62.9兆円
2021年度	83.9兆円

出所）財務省「法人企業統計調査」

企業の業績は悪くなかったのに、雰囲気で人件費を削ってしまったのだ。その結果、企業は自分で自分の首を絞めることになった。

勤労者たちは、企業にとって大事な顧客＝消費者でもある。その顧客＝消費者の収入が悪化するということは、自分たちの売り上げに直結することになる。

つまりは、国内市場が小さくなることになるのだ。

実際に日本の消費は減っている。

総務省の「家計調査」によると２００２年には一世帯あたりの家計消費は３２０万円を超えていたが、２０２２年は２９０万円ちょっとしかない。先進国でこ

の20年の間、家計消費が減っている国は、日本くらいしかない。

その結果、企業収益はいいのに、国内消費（国内需要）は減り続けることになる。これでは景気が低迷するのは当たり前である。

国民の消費が減れば、企業の国内での売り上げは当然下がる。

国内の消費が10％減っているということは、国内のマーケットが10％縮小するのと同じことである。企業にとっては大打撃なのだ。

消費が増えず、国内のマーケットが縮小するということは、日本経済のキャパが縮小するのと同様である。日本企業は頑張って輸出を増やし続けているので、ＧＤＰ自体は微増している。しかし、ほかの国々に比べれば明らかに成長率は落ちている。

そのため、１人あたりのＧＤＰがほかの国々にどんどん抜かれていき、国際的地位も低下していったのだ。

その一方で超富裕層が激増

表32は、３０００万ドル（日本円にして40億円程度）以上の資産を持つ人の数の国別ランキ

表32 **超富裕層人口**（2020年）

1位	アメリカ	10万1,240人
2位	中　国	2万9,815人
3位	日　本	2万1,300人
4位	ドイツ	1万5,435人
5位	カナダ	1万1,010人
6位	フランス	9,810人
7位	香　港	9,435人
8位	イギリス	8,765人
9位	スイス	7,320人
10位	インド	6,380人

出所）World Ultra Wealth Report, 2021
※3000万ドル以上の資産を持つ人口

ングである。超富裕層ランキングと言えるだろう。

日本は、この超富裕層の人口が中国に次いで世界第3位である。日本はアベノミクス以降、円安が続いており、円換算での資産価値は減り続けているにもかかわらず、これほど多くの超富裕層が存在するのだ。

しかも日本はこの超富裕層が、２０１７年からの３年間だけでも20％までも増加している。

なぜ超富裕層が激増しているのかというと、日本経済は近年、一部の人への「高額報酬」を推進しているからである。

２０１０年３月期決算から上場企業は１億円以上の役員報酬をもらった役員の情報を有

価証券報告書に記載することが義務付けられたが、2010年の上場企業では364人もの1億円プレーヤーがいたことが判明し、世間を驚かせた。が、上場企業の1億円プレーヤーはその後も激増を続け、2021年には926人になっているのだ。

企業によっては、社員の平均給与の200倍の報酬をもらっている役員もいた。

以前はこうではなかった。

「ジャパン・アズ・ナンバーワン」と言われ、日本企業が世界経済で最も存在感が大きかった1980年代、役員報酬はその社員の平均給与の10倍もないところがほとんどだった。

欧米の役員や経済学者たちは、そのことを不思議がったものである。

「従業員の給料はしっかり上昇させ、役員報酬との差は少ない」

「会社のトップがそれほど多くない報酬で最高のパフォーマンスをする」

それが80年代までの日本企業の強さの秘訣だったのだ。

しかし、いまでは役員と従業員の報酬は、欧米並みか、それ以上の差がある。そして、従業員の賃金は、欧米では考えられないようなペースで、下げ続けられてきた。また欧米では絶対ありえないような陰湿な方法で、リストラが敢行されてきた。

低賃金政策がＧＤＰも押し下げる

バブル崩壊以降、日本企業が従業員の賃金を下げ続けてきた理由は、必ずしも経営が苦しいためではない。

日本企業は、バブル崩壊以降に内部留保金を倍増させ２０２１年には５００兆円にも達している。また、保有している手元資金（現金預金など）も２００兆円近くある。

これは、経済規模から見れば断トツの世界一であり、これほど企業がお金を貯め込んでいる国はほかにない。アメリカの手元資金は日本の１・５倍あるが、アメリカの経済規模は日本の４倍以上であることをふまえれば、日本の企業はアメリカ企業の２・５倍の手元資金を持っていることになる。

日本企業の預貯金は、世界一の経済大国であるアメリカ企業の２・５倍にも及ぶのだ。

また株主に対する配当も、この20年で激増し、２倍を大きく超えている。つまり、株主配当も役員報酬も激増し、会社には巨額の預貯金が貯め込まれている。それにもかかわらず、社員の賃金だけは下げ続けられたのだ。

これでは、日本経済が停滞して当たり前である。

企業が人件費を切り詰めれば、一時的に業績は好転する。しかしブーメランとして、やがて業績の悪化につながっていく。

繰り返しになるが、企業が人件費を切り詰めれば、国民の収入は下がり、購買力も低下する。国民の購買力が低下するということは、企業にとっては、「市場が小さくなる」ということである。市場が小さくなっていけば、企業は存続できなくなる。

それは、当たり前と言えば当たり前であろう。

前述したように、2002年には一世帯あたりの家計消費は320万円をこえていたが、2022年は290万円ちょっとしかない。その結果、企業収益はいいのに、国内消費（国内需要）は減り続けることになる。

国内消費が減り続けていることは、GDPを押し下げる要因ともなる。企業の国内売り上げが減ることはGDPの低下に直結するし、賃金の低下もGDPの低下に直結するのだ。

国民1人あたりのGDPにおいて、日本は大きくランクを下げていることは前述したが、その主要因の一つが人件費削減なのである。

賃金というのは、日本経済の活力源なのである。これを増やさなければ、日本経済はどんどん元気がなくなっていく。

昨今、日本の政財界も、ようやくそのことに気づいて最近では賃上げを推進しようとしている。しかし、バブル崩壊後から続いている、先進諸国との賃金格差を埋めるにはまだ全然足りないと言える。

人件費を30年前の倍くらいに上げないと、日本経済が本当に復活することはないと言えるだろう。日本企業は莫大な内部留保金を抱えており、そのくらいの経営体力は十分にある。このままでは日本は、巨額の財宝を抱えたまま沈没する船となってしまうのだ。

優秀な人材が流出

前述したようにバブル崩壊後、日本の経済界は雇用をなおざりにしてきた。残酷なリストラを敢行し、賃下げを続けてきた。そして企業の業績が向上して以降も、賃金の引き下げはやめなかった。

そのため、多くの優秀な人材が韓国や中国などに流出したり、韓国企業などの産業スパイとなったりしてしまった。

たとえば2014年、東芝の提携企業の元技術者が、韓国の半導体企業「SKハイニックス」に機密情報を流したとして訴えられた。

いわゆる「東芝半導体データ流出事件」である。

この事件の経緯は次の通りである。

アメリカの半導体大手のサンディスクの日本法人に勤務していた技術者が、共同技術開発していた東芝のデータをコピーし、韓国の「SKハイニックス」に転職した。そして、コピーしていた東芝の研究データを「SKハイニックス」に提供した。

これに気づいた東芝が、SKハイニックスと元技術者に対し計1090億円余りの賠償などを求める訴訟を起こしたのだ。

この裁判は、SKハイニックスが2億7800万ドル（約330億円）を支払うことで和解した。が、東芝は信じがたいほどお人好しで、この事件をきっかけに、SKハイニックスと共同開発をすることを同意したのである。

「情報を盗んだ相手と和解し、その後に協力し合う」

というのは、映画やテレビドラマであればありうるだろう。

しかし、経済社会はそれほど甘くない。共同開発しても、したたかな韓国企業と東芝では公平になるはずがない。東芝の大幅な持ち出し超過になることは目に見えていたはずだ。

この元技術者は、ＳＫハイニックスから前職の2倍ほどになる千数百万円の報酬を約束され、住居にはソウルの高級マンションを提供されたという。しかし、ＳＫハイニックスは、この元技術者の能力自体には魅力を感じておらず、保持している機密情報だけが欲しかったらしく、たった3年で契約を打ち切っている。

絵に描いたような「産業スパイの使い捨て」である。

その後にデータ流出が発覚、元技術者は逮捕・起訴され、実刑判決が出ている。

技術の盗用は主要産業全体に及ぶ

これは氷山の一角であると見られている。

この事件は、東芝の社員ではなく提携先の企業の元社員が「データをコピーして持ち出した」ために訴えられたものである。もし、元社員がデータをそのまま提供するのではなく、東芝で培った技術を提供すれば、なかなか訴えるのは難しい。

実際に、90年代以降、そういう事例は腐るほどあるのだ。

東芝、ソニーなどから、韓国のサムスン電子などに転職した技術者は多々いる。

また転職をせずとも、韓国企業から招かれて技術講義などを行った日本の技術者は多々いると見られている。日本の技術者たちは、日本企業に在職したまま、土日にサムスン電子などからの招待でソウルを訪れる機会がよくあったという。一回の技術講義で、その技術者の月給の何倍もの報酬が払われた。

これは半導体分野だけではなく、日本の産業全体で似たようなことが行われたと見られている。韓国の製鉄メーカー最大手のPOSCOは、2012年、新日鐵（現・日本製鉄）から「技術盗用」で訴えられている。新日鐵の元技術者たちを雇用し、方向性電磁鋼板の技術を盗用したのである。

また2021年7月には、トヨタのカムリの開発責任者が、中国の自動車メーカー「広州汽車集団」に引き抜かれたという報道があった。カムリと言えば、トヨタの主力製品である。その開発担当者が引き抜かれたということは、トヨタの頭脳の主要部分が持っていかれたようなものだ。

このようにバブル崩壊以降の日本企業の雇用軽視政策は、結局、自分の首を絞めることになったのだ。

表33　主要先進国のパートタイム労働者の割合

	2005年	2021年
日　本	18.3％	25.6％
アメリカ	12.8％	11.7％
イギリス	22.9％	21.7％
ドイツ	21.5％	22.2％
フランス	13.2％	13.8％

出所）独立行政法人　労働政策研究・研修機構「データブック国際労働比較2023」

非正規雇用も先進国で最悪

表33は、主要先進国のパートタイム労働者の割合を示すものである。

本来は非正規雇用の比較を見たかったのだが、国際データにおいて統一的な「非正規雇用」という概念がないので、それに最も近い「パートタイム労働者」の数値を取り上げている。日本では非正規雇用というと、正社員ではない雇用形態全体（派遣社員、パートなど）のことをさすが、国際的なパートタイムというのは短期間労働、短時間労働のことをさす。

現在、日本は主要先進国よりも若干高めになっている。が、表33で留意しなくてはならないのは、２０２１年の数値ではなく、２００５年との比較である。およそ15年の間にほかの主要先進国がほとんど変化がないのに、日本は大きく増えているのである。

厚生労働省の統計データでは、1989年には非正規労働者の割合は19・1％だったのが、2021年には36・7％となり倍増している。もし日本の非正規労働者という定義で統計を取れば、先進主要国では、おそらく断トツで日本が最大値となるだろう。


そして日本の場合、非正規雇用者に対する待遇に大きな問題がある。

欧米先進国では、労働者の権利が強いので、非正規雇用者やパートタイマーであっても、仕事に応じた賃金がもらえるようになっている。

たとえばフランスでは、パートタイム労働者の賃金は正規雇用の実に9割と、ほとんど差がない。ドイツ、イギリスも正規雇用者の賃金の7割程度はもらえる。またアメリカのパートタイマーの賃金に関するデータはないが、労働組合が強く、労働者の権利も保護されているお国柄のため、日本より賃金が低いということは考えられない。

先進諸国では、非正規雇用者でも、正規雇用者とそれほど変わりがない生活が送れるということである。

しかし日本の場合、非正規雇用者（パートタイマー）の賃金は、正社員の6割程度である。非正規雇用者になれば普通の生活ができないのだ。

日本の経済政策では、近年、大企業の業績を優先させ、非正規雇用を増大させた。その結果がこの体たらくである。一刻も早く、非正規雇用の問題を解決しなければ、日本の将来は暗澹《あんたん》たるものになるはずだ。

非正規雇用の人たちのほとんどは、年金の額は不十分である。彼ら彼女らが高齢者になったとき、ほとんどの人の年金の額は生活保護以下だと見られている。

それどころか厚生年金自体に加入していない者も多数いる。厚生年金に加入していなければ、本来ならば国民年金に加入しなければならないのだが、多くはそれもしていないと見られている。

彼らは日本人だから、もちろん生活保護を受給する権利を持っている。

つまり、今後、非正規雇用の人たちが、大挙して生活保護受給者になっていくと考えられるのだ。

そうなると、数百万人の単位では済まない。将来、数千万人レベルで、生活保護受給者が生じる。国民の20〜30％が生活保護受給者という事態もあり得るのだ。

これは決して空想上の話ではない。

データにもはっきり表れていることであり、このまま何も対策を講じなければ、必ずそうなるという非常に現実的な話なのだ。現状でさえ低所得者層が増え続けているうえに、最悪の場合、この数千万人が生活保護を受給することになる。

このままいけば、おそらく生活保護受給者は、そう遠くないうちに1000万人を突破するだろう。そして、20年後には、2000万人を突破する可能性もある。どんな楽観的な経済評論家でも、このデータに抗うことはできないはずだ。

貧困世帯の多くは生活保護を受けていない

前述したように、日本では貧富の格差が広がり、貧困層が増えており、それに伴い昨今、生活保護受給者が急増している。

2005年には140万人だったが、2023年現在では200万人を超えている。18年で激増しているのだ。

これを見て「日本は生活保護が多すぎる」と指摘する人もいる。しかし、その考えは早計

表34　貧困者のうち生活保護を受けている人の割合（2017年）

アメリカ	76.7％
イギリス	61.8％
フランス	139.4％
ドイツ	100　％
日　本	22.9％

出所）生活保護問題対策全国会議編『「生活保護法」から「生活保障法」へ』明石書店

である。というのも、日本の場合、生活保護を受けている人の数は、貧困者の数に比べると明らかに少ないのだ。

日本人は皆、日本の社会保障は先進国並みと思っている。しかし、これは大きな勘違いである。驚くべきことかもしれないが、日本は先進国と比べれば、生活保護の支出も受給率も非常に低いのである。

表34は、先進主要国において、貧困者のうち生活保護を受けている人の割合を示したものである。

先進主要国の多くが、１００％近い保護をしているのに対し、日本は20％台と明らかに低い。フランスは１００％を超えているが、これは貧困者と分類されていない人々にも、公的扶助が及んでいるということである。

イギリス、フランス、ドイツ、アメリカなどの先進国では、要保護世帯のほとんどが生活保護を受けているのに、日本では本来は生活保護を受けるべき状況なのに受けていない人が、受給者の4倍にも達するというのである。

生活保護というと、昨今では不正受給の問題ばかりが取り沙汰される。しかし、これは非常に偏向的なものだと言わざるをえない。

不正受給者というのは、せいぜい2〜3万人である。一方、生活保護のもらい漏れは、800万人近くいると推定されている。どちらが大きな問題なのか、と言うのは火を見るより明らかだ。

日本では、必要がある人でも、なかなか生活保護を受けることができない。「日本は生活保護が非常に受けにくい国」なのである。

欧米諸国は、国民の権利はきちんと守っている（少なくとも日本よりは）。生活保護の申請を、市役所の窓口でせき止めるなどということは、絶対にありえない。もしそんなことをすれば、国民から猛反発を受けるだろう。

欧米諸国では、貧困者の多くは国籍を持たない移民などであり、貧困者支援団体なども国籍や戸籍を取得することを最重要課題にしている。国籍や戸籍を取得さえすれば、国の福祉制度が受けられ生活できるからだ。

生活保護というのは、国民にとって、最後のセーフティーネットのはずだ。

このセーフティーネットは、国家が最高の責任感を持って、守らなければならないはずである。にもかかわらず、８００万人ものもらい漏れがあり、挙げ句、餓死者が出たり、食事をまともにとれない子どもが生じたりする有様なのだ。

それにしても、国はなぜ生活保護を悪宣伝ばかりして、その予算を削ろうとするのだろうか？

ここに、国の予算に対する姿勢が如実に表れていると言える。

国は、声の大きい者、国に圧力をかけてくる者に対しては優遇する。そして、国に文句を言わない人、国に文句を言えないような弱い立場の人に対しては、非常に厳しい態度をとる。

ここでそもそもの話になるが、国の予算というのは、あちこちに利権が絡んでいる。

まず省庁が予算を押さえる。省庁に関係する企業、団体などが予算に対して利権を求めてくる。それらの企業、団体などは、政治家と密接なつながりを持っている。政・官と企業が、三者で利権を分け合っているのだ。

その利権は、１円単位で網が張られていると言える。そして、その利権を持つ者たちは、国に常に圧力をかけてくる。だから、無駄な予算を削ろうとしても、なかなかできないのだ。

そして、税収が１円増えれば、その１円もたちまち利権に組み込まれてしまう。国はいつも1円の余裕もないと言っていいだろう。

ところが、生活保護受給者は、国に何も文句を言わない。個人単位でケースワーカーや市の職員などに文句を言っている人はいると思われるが、団体となって、国に圧力をかけるようなことはない。政治家に対して、ロビー活動をするようなこともないし、団結して選挙などで影響力を持つこともない。

だから、生活保護の予算は、政治家にとっては非常に削りやすいのだ。この予算を削っても、文句を言ってくる人はあまりいないからである。

でも、生活保護を削ると言うと、弱い者イジメのようなイメージとなってしまう。そのため、生活保護受給者に関するネガティブ・キャンペーンを張り、「悪いのは生活保護受給者」という世論をつくり上げてから、生活保護費の削減に取り掛かろうとしているのであろう。

低所得者に手厚い欧米諸国

日本の社会保障が貧困なのは、金額だけではない。その内容も、非常にお粗末である。たとえば「自由競争の国」とされているアメリカは、貧困者への扶助に日本の10倍を費やしている。しかもアメリカの扶助は、日本のように生活保護一本やりではない。バリエーションに富んだメリハリの利いた保護を行っているのだ。

アメリカには勤労所得税額控除（ＥＩＴＣ）と呼ばれる補助金がある。

これは収入が一定額以下になった場合、国から補助金がもらえるという制度である。ＥＩＴＣとはEarned Income Tax Creditの略である。課税最低限度に達していない家庭は税金を納めるのではなく、逆に還付されるという制度で、１９７５年に貧困対策として始まった。

年収と子どもの人数にもよるが、年収が1万ドル程度の家庭は、２５００ドル程度の補助金がもらえる。子どものいない家庭への補助は少なく、子どものいる家庭へより手厚い制度となっている。またひとり親の家庭では、現金給付、食費補助、住宅給付、健康保険給付、給食給付などを受けられる制度もある。

イギリスやフランスにも同様の制度がある。

このように、欧米では貧しく子どものいる家庭は、手厚い公的扶助が受けられる。豊かな者も貧しい者も子どもがいれば一律に受けられる。どんなに貧しくても月1万円程度しかもらえない日本の児童手当が、いかに粗末な公的扶助であるか、わかるというものだ。

またアメリカは子どものいない健常者（老人を除く）などに対しては、現金給付ではなく、フードスタンプなど食費補助などの支援が中心となる。現金給付をすると、勤労意欲を失ってしまうからである。

フードスタンプとは、月100ドル程度の食料品を購入できるスタンプ（金券のようなもの）が支給される制度である。スーパーやレストランなどで使用でき、酒、タバコなどの嗜好品は購入できない。1964年に貧困対策として制度化された。

このフードスタンプは、申請すれば比較的簡単に受けられる。日本の生活保護よりは、はるかにハードルが低い。2010年3月のアメリカ農務省の発表では、4000万人がフードスタンプを受けたという。実に、国民の8人に1人がその恩恵に預かっているのである。

機能していない雇用保険

日本の社会保障で劣っているのは、生活保護だけではない。

たとえば雇用保険である。

雇用保険というのは、解雇や倒産など、もしものときのピンチを救ってくれる保険である。この雇用保険が充実したものであれば、少々景気が悪くても、人々は生活にそれほど影響を受けないで済む。

しかし、日本の雇用保険は、ありていに言って「使えない」のである。

支給額や支給期間が、硬直化しており、本当に苦しい人にとっては、役に立たないのだ。

まず、中高年の支給期間が非常に短い。

20年勤務した40代のサラリーマンが、会社の倒産で失職した場合、雇用保険の失業手当がもらえる期間は、わずか9ヵ月である。いまの不況で、40代の人の職がそう簡単に見つかるものではない。なのに、たった1年の保障しか受けられないのだ。

職業訓練学校に入れば支給期間が若干、延びたりするなどの裏ワザはあるが、その期間内に職が見つからなければ、後は何の保障もない。

だから、日本では失業はそのまま無収入となり、たちまち困窮する、ということにつながるのである。

しかし先進国ではそうではない。

先進諸国は、失業保険だけではなく、さまざまな形で失業者を支援する制度がある。

その代表的なものが「失業扶助制度」である。

これは、失業保険が切れた人や加入していなかった人の生活費を補助する制度である。「失業保険」と「生活保護」の中間的なものである。

この制度は、イギリス、フランス、ドイツ、スペイン、スウェーデンなどが採用している。たとえばドイツでは、失業手当と生活保護が連動しており、失業手当をもらえる期間は最長18ヵ月だけれど、もしそれでも職が見つからなければ、社会扶助（生活保護のようなもの）が受けられるようになっている。

他の先進諸国でも、失業手当の支給が切れてもなお職が得られない者は、失業手当とは切り離した政府からの給付が受けられるような制度を持っている。

その代わり公共職業安定所が紹介した仕事を拒否すれば、失業保険が受けられなかったり、失業手当を受けるために財産調査をされたり、などといった厳しい制約もある。

日本の場合、失業すれば雇用保険の失業手当は一定期間雇用されていた人ならだれでももらえるけれど、期間が短いうえ期間が終われば経済的には何の面倒も見てくれない。

表35　自殺死亡率（人口10万人あたり）

1位	韓　国	26.9
2位	リトアニア	21.7
3位	ベラルーシ	19.0
4位	スロベニア	17.5
5位	ハンガリー	15.9
6位	日　本	15.7
7位	ベルギー	15.7
8位	ラトビア	15.7
9位	ウクライナ	14.8
10位	フィンランド	14.7

出所）厚生労働省「令和4年版　自殺対策白書」（「世界保健機関資料2022年2月」より厚生労働省作成）

なぜ日本は自殺大国になったのか？

近年、日本では自殺者が年間2万人を超えている。

表35のように世界的に見ても、日本の自殺率はワースト6位である。世界で6番目に自殺率が高いということは、世界で6番目に生きる希望がない国と言ってさしつかえないだろう。

しかもこの自殺率の上位国は、時代によって入れ替わりがあるが、日本はここ10年来、ワースト10にランクインしている。

日本は長期間にわたって、自殺が多い国と言える。

表36 **主要先進国の自殺死亡率**

（人口10万人あたり）

日　本	15.7
アメリカ	14.6
フランス	13.1
ドイツ	11.1
イギリス	8.4

出所）厚生労働省「令和４年版 自殺対策白書」（「世界保健機関資料 2022年２月」より厚生労働省作成）

しかし日本は昔から自殺率が高かったわけではない。１９９５年の時点では先進国の中では普通の水準だった。フランスなどは、日本よりも高かったのだ。

90年代後半から日本の自殺率は急上昇し、他の先進国を大きく引き離すことになった（表36）。一時的には年間３万人を超えることもあった。この当時の日本の自殺率を押し上げたのは、中高年男性の自殺の急増である。90年代後半からリストラが激しくなり、中高年男性の失業が急激に増えたことが背景にある。

その後、中高年の自殺が落ち着くと、今度は若者の自殺が多くなった。

中高年のうち、経済的弱者などが自殺していなくなり、残された若者世代の自殺が多くなったというわけである。

これを見たとき、われわれはこれまで一体何をしてきたのか、疑問を持たざるをえない。こんな社会をつくるため

表37　**外国旅行をした人数**（2019年）

1位	中　国	1億5,463万人
2位	ドイツ	1億　854万人
3位	イギリス	9,309万人
4位	アメリカ	9,256万人
5位	ロシア	4,533万人
6位	イタリア	3,470万人
7位	フランス	3,041万人
8位	ウクライナ	2,888万人
9位	韓　国	2,871万人
10位	インド	2,692万人
14位	日　本	2,008万人
19位	台　湾	1,710万人

出所）国土交通省「令和3年版 観光白書」（観光庁作成）

に、一所懸命頑張ってきたのだろうか？

遊べない日本人

表37は、コロナ禍前の2019年の「外国に旅行した人の数」を国別にランキング化したものである。

外国に旅行する人が多いということは、それだけ生活に余裕のある人が多いということでもある。

日本は、このランキングにおいて世界14位である。これだけを見るとまずまず多いようにも見える。しかし、韓国のほうが日本より多くなっているのをはじめ、日本は先進国としては相当に少ないので

表38 国民の何%が外国旅行をしたか？

（2019年）

中　国	11%
ドイツ	131%
イギリス	139%
アメリカ	28%
フランス	47%
韓　国	55%
日　本	16%
台　湾	73%

出所）観光庁資料をもとに著者が算出

ある。

このランキングは、単純に人数だけを比較したものであり、人口が多い国のほうが上位になる。人口比を加味すれば、日本は相当少ないことになる。

表38は、主要国の国民の何%が外国に旅行したかを示すデータである。

これを見ると、日本は先進国の中では断トツに低く、韓国の半分以下である。中国とあまり変わらず、このままいけば数年後には中国にも抜かれるだろう。

日本は陸続きの隣国がないから簡単には外国に行けないという条件もあるが、同じ条件の台湾は73%もの国民が外国旅行をしているところを見ると、「日本人は外国旅行をする余裕がない」とい

表39　国民が年に何回映画館に行くか？
（2017年）

韓　国	約4.3回
アメリカ	約3.7回
フランス	約3.2回
イギリス	約2.5回
ドイツ	約1.4回
日　本	約1.4回
中　国	約1.2回

出所）UNESCO（Unesco UIS）のデータをもとに著者算出

うことが言える。

日本人は昔から好奇心が強く、江戸時代にはお伊勢参り旅行がブームとなり、一般庶民も普通の旅行をしていた。欧米ではまだ富裕層しか旅行などは行けなかった時代に、である。

だから日本人は外国旅行に興味がない国民性というわけではないのだ。単純に、いまの日本人は経済的、時間的なゆとりがないものと考えられる。

映画館の入場者数も少ない

旅行以外の娯楽についても検討してみたい。

表39は、主要国で「国民が年間に何回映画館に入場したか」ということを示すデータである。このデータを見ると、外国旅行ほどの著しさはないが、日本が比

較的少ないということは見て取れる。

日本では、アニメ映画など世界的に大ヒットする作品が数多くつくられているものの、国内の映画入場者は多くないのだ。韓国の3分の1程度であり、中国とほぼ同じくらいなのである。

これらのデータから見ても、日本人がほかの国民に比べ娯楽に楽しむ余裕がないということが言える。

第5章

世界最大の債権国

日本は実質世界一の資産国

本書ではこれまで、日本経済がいかに空洞化し稼ぐ力が弱まってきたかということや、また低賃金政策により、国民全体の経済パワーが低下し、それが日本経済を停滞させる悪循環にはまっていることなどを検証してきた。

いわば日本社会の収入と支出の面を検証したのである。

では、日本社会の「資産」はどうだろうか？

最近の稼ぎはあまりよくないが、お金の蓄積はどうなっているのだろうか？

日本は財政破綻寸前とも言われているが、その実情はどうなのか？

結果から言うと、日本は世界有数の資産国である。むしろ世界一と言っていいほどの資産大国なのである。

日本は長年、対内的にも対外的にも資産を蓄積し続け、莫大な金融資産、対外純資産を保有しているのだ。

前述したように、日本は対外的な経常収支は長い間黒字を続け、その額は大きく積み上がっている。また日本は世界で巨額の投資を行っている。そのため、日本は対外的には巨額の債権超過となっているのだ。

日本の円は長らく安全資産と言われてきた。世界が金融不安になると、円が買われ円高になるのである。それは日本が、莫大な外貨を保有し世界で最も対外純資産を持っていたからである。

「日本は世界中の資産を持っているから、日本の通貨を持っていれば安心だ」

というわけだ。

が、この資産の多さは、誇れるばかりではない。むしろ、その資産の内容や偏り具合が、日本社会の弱点を表してもいるのである。

また昨今では、日本は莫大な資産を持っているにもかかわらず、世界の金融不安の際に、円が売られるという事態が生じてきている。世界の有事の際に、日本の円はあてにならない、円は安全資産ではないという評価をされつつあるのだ。

本章では、世界の中で日本はどのくらいの資産を持っているのか、どういう種類の資産を持っているのかを検証することで、今後の日本を占っていきたい。

日本は本当に財政破綻寸前なのか？

まず日本政府の資産状況を確認しておきたい。

日本の国債発行残高は2022年末の段階で1000兆円を超え、世界最悪の状態と言われている。

表40は、「国債残高のGDP比」の世界ランキングである。日本は堂々という表現が正しいかどうか微妙だが、ともあれ1位であり、GDPの2・6倍もの国債残高が

表40　国債残高のGDP比（2021年）

順位	国	GDP比
1位	日本	262%
2位	ベネズエラ	241%
3位	ギリシャ	199%
4位	スーダン	182%
5位	エリトリア	176%
6位	シンガポール	160%
7位	イタリア	151%
12位	アメリカ	128%
19位	フランス	113%
29位	イギリス	95%
67位	ドイツ	70%

出所）IMF, World Economic Outlook Database, 2022

ある。ざっくり言えば、年収の２・６倍の借金を抱えているようなものである。

財務省はこのデータを示し、「このままでは日本の財政は破綻する」と、盛んに喧伝し消費税増税などへの理解を訴えている。

しかし、この「日本財政破綻論」には、反対論者も数多く存在する。その主な主張は次のようなものである。

「確かに日本政府は巨額の国債を発行しているが、反面、巨額な資産も持っている」

「借金のことばかりを喧伝し、資産のことを言わないのはフェアではない」

これらの説について、次項以下で検証してみたい。

日本政府は莫大な資産を持っている？

表41は、元財務官僚で経済学者の高橋洋一氏の著書『日本は世界1位の政府資産大国』から引用したデータである。

これを見ると、日本政府は世界一とも言える莫大な金融資産を持っていることがわかる。

表41 G7各国の政府が保有する金融資産
（2011年）

1位	日本	4兆9,063億ドル
2位	アメリカ	3兆 151億ドル
3位	ドイツ	1兆2,806億ドル
4位	フランス	1兆 279億ドル
5位	カナダ	9,101億ドル
6位	イギリス	7,927億ドル
7位	イタリア	5,381億ドル

出所）高橋洋一著『日本は世界１位の政府資産大国』講談社＋α新書

またここに計上された資産は、「金融資産」だけの話であり、これに不動産などの資産を加えれば、相当な額になることは容易に想像がつく。

では、日本政府は、全体的にどのくらいの資産を持っているのだろうか？

実はそれほど多くない政府の借金

表42は財務省が毎年発表している国のバランスシートである。

これによると、国の借金から資産を差し引いた残額は687兆円ほどである。687兆円でも多いには違いないが、「国の借金1000兆円以上」という印象よりもかなり軽いものとなる。

また国の資産の評価額は、評価方法によって大きな

表42　財務省発表の政府のバランスシート

資産の部

現金・預金	48兆2,600億円
有価証券	123兆5,061億円
公共用財産	156兆　859億円
その他	396兆　901億円
合　計	723兆9,421億円

負債の部

公　債	1,113兆9,676億円
公的年金預り金	122兆2,767億円
その他	174兆7,284億円
合　計	1,410兆9,727億円
差　引（純負債）	**687兆　306億円**

出所）財務省サイト「令和３年度国の財務書類」

差が出てくる。金融資産にしろ、固定資産にしろ、取得したときの金額か時価かで評価額はまったく変わってくる。また政府の資産の場合、市場で取引されていないものも多いので、時価さえわからないものもたくさんあるのだ。

財務省のつくったバランスシートは、かなり厳しめに査定したものだと言える。資産は少なめに、負債は多めに評価されているのだ。

２０１８年に出されたＩＭＦによる財政モニターレポートでは、日本は国の負債と資産を差し引けば、ほぼゼロになるという結果を発表している。つまり日本政府には、純粋な負債はないということである。このIMFモニターレポートによれば、財務省が喧伝しているような「財政破綻寸前」というような状況ではまったくない、ということである。

日本政府の会計はブラックホール

なぜ資産の評価額にこれほど差が出るのかというと、日本政府の資産には、特殊法人や公益法人などへの出資金、貸付金などが異常に多く、それらの資産は非常に評価しづらいからである。

この特殊法人、独立行政法人、半官半民団体などは、官僚のかっこうの天下り先になっている。日本の官僚たちは全国津々浦々に、特殊法人や半公的団体をつくっている。そして莫大な税金を投入したり、法的な独占特権を与えたりするのだ。

この半公的団体の存在は、実は日本の財政を悪化させている最大の要因でもあるのだ。官僚たちは、自分たちが直接税金に手を付けるわけにはいかないので、もっともらしい理由をつけて、半公的団体をつくる。そこに多額の税金が投入され、そのほんの一部を、官僚たちが天下りすることで手にするのだ。つまり、官僚の「偽装工作」のために、巨額の税金が使われているのである。

そしてこれらの半官団体の全体像は、外部からはわからない。官僚たちが天下り先の実態を誤魔化しているからである。

そのため政府資産の実態がわかりにくくなっているのだ。

たとえば高速道路は、半公的団体が管理しており、ここも天下りの巣窟《そうくつ》となっている。

現在、日本の高速道路は、非常に複雑な組織体系で運営されている。

「独立行政法人　日本高速道路保有・債務返済機構」（以下、「日本高速道路保有」）という組織が、日本の高速道路を所有していることになっている。ここには、莫大な税金が投入されている。

そして、この「日本高速道路保有」が、東日本、中日本、西日本の三つの高速道路会社や首都高の会社などに、「高速道路を貸し出す」という建付けになっている。

この組織体系について、そもそもなぜ「日本高速道路保有」が必要なのか？　という疑問が湧くと思う。

日本の高速道路を国土交通省の管理下に置き、三つの高速道路や首都高などの運営会社に直接貸し出せばいいじゃないか、という話である。国土交通省が、一つの部署をつくり、職員4～5人も当てれば、それくらいの業務は十分にできるはずだ。

なぜわざわざ「日本高速道路保有」を一枚、噛ませなくてはならないのか？

もうお察しのことだろう。ここも、キャリア官僚たちのかっこうの天下り先になっているのである。

同法人の6名の理事のうち、3名は官庁からの出向役員である（2023年4月現在）。

実はこの「出向役員」という肩書が、非常にクセモノなのである。

官僚の天下りが問題視されるようになって、官僚側はこの「出向役員」という肩書きを多用するようになった。

出向役員というのは、公務員の身分のまま出向した役員ということである。

つまり、「公務員を退職しているわけではないので、天下りではない」という論法である。

しかし、実質的には、退職するキャリア官僚が天下りする代わりに出向役員という形をとることが多いのだ。

現在、国の方針では、独立行政法人などの役員には「官僚出身者は半分以下にとどめるべき」ということになっている。「独立行政法人　日本高速道路保有・債務返済機構」は、この国の方針の枠をギリギリまで使っているのである。

日本のこの道路機関は、官僚たちの悪知恵を象徴していると言えるだろう。

道路機関には、莫大な国のお金が投入されているが、いくつものパイプを嚙ませ、お金の流れを複雑にして、外部からは、「本質」を見えにくくしている。それは、まるで、マフィアが、マネーロンダリングをするがごとく、である。

そして、一つのパイプごとに、必ず官僚がピンハネをしているという構造である。

それが、巨大な無駄をもたらしているのだ。

日本の高速道路は、ほかの国から見ると法外に高い。単純な比較は難しいが、先進国の高速料金は、日本の半額以下である。日本のバカ高い高速道路料金は、めぐりめぐって官僚たちの懐に入る仕組みになっているのだ。

つまり官僚たちは、税金と高速道路料金の両方から金を吸い上げていると言っていい。

日本政府の資産が一体どのくらいあるのか、これらの半官団体を徹底的に精査しなければ見えてこないのである。

財務官僚たちは「日本の財政は破綻寸前だ」と喧伝し、増税の必要性を訴えているが、増税する前にまずは、官僚の天下り先である半官団体を徹底的に調査し、整理するべきであろう。

日本の財政状況は決して良くはないが、財務省が言っているほど悪くはない。少なくとも財政破綻を理由に増税を許しては絶対にならない。日本の財政状況を悪くしている最大の原因である「官僚の天下り問題」をまずもって完全に解決するほうが先なのである。

諸悪の根源は「キャリア官僚の天下り」

「官僚の天下り」と言っても、すべての官僚が天下りでおいしい思いをしているわけではない。天下りでいい思いをしているのは、ほんの一握りの官僚だけである。

それはいわゆる「キャリア官僚」である。

キャリア官僚というのは、キャリア試験と呼ばれる国家公務員試験に合格して、官庁に入った者たちのことである。

日本で国家公務員になるためには、ざっくり言うと、国家1種、国家2種、国家3種という試験があった（現在は制度変更しているが、後述するように本質は変わっていない）。そのうち、国家1種試験は非常に難関であり、超一流大卒程度の学力が必要となる。この試験がキャリア試験と呼ばれていたのだ。

この国家1種試験に受かったキャリア官僚は、国家公務員全体で1%ちょっとしかいない。キャリア官僚は、本省勤務、海外留学、地方勤務、他省庁への出向などを経て、ほぼ全員が本省課長クラスまでは横並びで出世する。キャリア以外の官僚、いわゆるノンキャリアは、どんなに頑張っても定年までに課長補佐になれるかどうかというところである。つまり、ノンキャリアの最高地点より、キャリアの最低地点のほうが高いということであり、その差は歴然である。

そして、このキャリア官僚たちは、各省庁の事務方トップを務め、総理の秘書官などのポストも占めるので、事実上、日本の行政を動かしている。

20歳そこそこのときに難しい試験に受かったというだけで、将来、日本を動かす地位が約束されるのだ。こんな、前時代的なシステムは、先進国はどこも採っていない。

日本の官僚システムは、相当に遅れたものであり、欠陥だらけなのだ。

そのため、マスコミなどの批判をたびたび受けてきた。

それを受けて、国家公務員試験の制度は、２０１２年から改正され、これまで国家1種とされていたものが「総合職試験」、2種、3種とされていたものが「一般職試験」ということになっている。

また「総合職試験」には、大学院卒を対象とした「院卒者試験」なども導入している。採用試験には、政策企画立案能力、プレゼンテーション能力を検証する「政策課題討議試験」なども導入されている。

人事院は、「キャリア・システムと慣行的に連関している採用試験体系を抜本的に見直すことにより、能力、実績に基づく人事管理への転換の契機とする」としている。

が、現在のところ、本質的にはそれほど変わっていない。なぜなら現在の各省庁のトップは相変わらずキャリア官僚たちであり、トップどころか上層部の大半を占めているからだ。

そして、特殊法人などに天下りをしているのも、このキャリア官僚たちなのである。この制度を根本的に破壊しなければ、日本の未来はないのだ。

日本は世界一の債権国

表43は、主要国の対外純資産データである。

対外純資産というのは、「日本が外国に持っている資産」から「外国が日本に持っている資産」を差し引いた残額のことである。わかりやすく言えば、日本と外国とのお金の貸し借

表43　主要国の対外純資産（2021年）

1位	日　本	411兆円
2位	ドイツ	316兆円
3位	香　港	243兆円
4位	中　国	227兆円
7位	カナダ	152兆円
13位	ロシア	55兆円
162位	フランス	-111兆円
164位	イギリス	-114兆円
165位	アメリカ	-2,067兆円

出所）財務省サイト資料「主要国（地域）の対外純資産」

りの残額ということになる。

対外純資産がプラスになっている国は、外国とのお金の貸し借りにおいて「債務」よりも「債権」のほうが大きい債権国ということである。

日本はどうかと言うと、表43のように対外債務はなく、むしろ世界で最も外国にお金を貸している国である。その対外純資産は約３兆ドルにも及ぶ。日本は２０２１年末時点で31年連続で純債権国となっており、しかも2位のドイツに１００兆円近い差をつけた断トツの世界一である。

世界一の金持ち国とされているアメリカは、世界一の対外債務国でもあるのだ。

なぜ日本が、世界最大の債権国かと言うと、何度か触れてきたように、日本は長年、経常収支の黒字を続けてきており、他国への投資を活発に行ってきたからである。

外貨準備高は実質的に世界一

表44は外貨準備高の世界ランキングである。

外貨準備高というのは、貿易の決済をするために準備している他国通貨の量のことである。外貨準備高が大きいということは、それだけ「外国のものを買うための貯蓄」が大きいということである。

その国の「対外的な資産力」を最も端的に表す数値と言える。

日本は、この外貨準備高が非常に多い。ＥＵ全体の倍以上にも達する巨額ぶりである。総額の順位こそ中国に次いで2位となっているが、国民1人あたりに換算すれば、１００万円以上の外貨準備高を持っている計算になり、断トツの世界一である。これは、中国の4倍以上にもなる。

２０１１年以降、貿易赤字が続くことが増えているので、日本はヤバいのではないかと心配している人もいるかもしれない。が、２０１１年以降の赤字額も、これまで積み上げた貿

表44
外貨準備高

1位	中　国	3兆4,279億ドル
2位	日　本	1兆4,058億ドル
3位	スイス	1兆1,098億ドル
4位	アメリカ	7,162億ドル
5位	インド	6,385億ドル
6位	ロシア	6,322億ドル
7位	香　港	4,969億ドル
8位	サウジアラビア	4,739億ドル
9位	韓　国	4,633億ドル
10位	シンガポール	4,251億ドル

出所）世界銀行 Data2021

易黒字に比べると、屁のような額なのである。

しかも、赤字になっているのは、「モノ」の輸出入のみの換算である。

近年、日本企業は、自国でモノをつくって輸出するよりも、海外の子会社が現地でモノをつくるという傾向にある。つまり、モノではなく、資本を輸出するようになった。この「資本」を含めた輸出入（経常収支）では、日本は震災以降もずっと黒字なのである。

特に2015年から2021年までは、10 0 0億ドル以上の黒字となっていた。12～13兆円の黒字だったのだ。

「近年、日本経済の国際競争力が落ちた」などと言われることがあるが、決してそんなことはないのだ。

毎年毎年、10兆円もの貿易黒字を何十年も続けてきた国、何十年もの間、経常収支が黒字を続けた国など、世界中にどこにもない。

つまり、日本の「世界からお金を集める力」は決して衰えていないのである。

日本の貿易収支は異常

この外貨準備高の多さは、日本経済の強さを示すものではあるが、弱点を示唆しているとも言える。

日本が貿易黒字、経常収支の黒字を続けてきたのは、国策によるところが大きい。

日本の政府は、戦後一貫して、輸出が増進するような経済政策を行ってきた。

輸出企業には税制上の優遇策を行ったり、補助金を投入したりしてきた。

確かに高度成長期までは、日本はこの方法で豊かになってきた。それは第3章で確認したとおりだ。

獲得した外貨は、日本円に交換され、当然、それは日本社会に流れるお金の量を激増させた。

また産業界は、設備投資やインフラ整備のために、莫大な投資を行った。もちろん銀行から巨額の融資を受ける。その巨額の融資がまた、日本社会に次から次へと「新しいお金」を注入させることになった。

そして「所得倍増」の掛け声により、そのお金は社会の隅々に行き渡り、日本人の生活は日々豊かになっていったのである。

近年、中国企業などの台頭で輸出が厳しくなると、日本企業の海外移転を後押しし、「経常収支」の黒字をめざすようになった。

それは、戦後の日本が、経常収支の黒字が増えるとともに豊かになっていったので、この成功体験を引きずって経常収支さえ黒字にしていれば豊かさが続くのではないか、と考えたからだ。

しかし、これは世界全体から見れば、かなり迷惑なことでもあるのだ。

国際収支では黒字を出す国があれば、必ずそれと同じだけ赤字を出している国がある。貿易赤字が続いたり、経常赤字が蓄積したりしているような国は、その分だけ自国の金回りが悪くなる。

それを考えたとき、日本は世界経済にとってはかなり迷惑な存在なのである。

昨今、日本の政治家やエコノミストは、「もっと輸出を増やして日本経済を復活させよう」と主張している。

第3章でも触れたように、日本の政府や財界は、いまだに「高度成長期の再来」を夢見ているのだ。

もし、日本がいまよりも輸出や経常収支の黒字を増加させるようなことになれば、世界中からバッシングされ、つまはじきにされてしまうだろう。

何度も触れたが、日本はいまでも貿易黒字が累積していて、1人あたりの外貨準備高は世界一なのである。つまりは世界一の貿易黒字国と言っていい。その国が、さらに貿易黒字を増やすとなると、世界経済は大きくバランスを失うだろう。

80年代、日本は「黒字が多すぎる」としてアメリカから相当にバッシングされたが、それ以上のバッシングが世界中から巻き起こるはずだ。

アメリカ国債を世界で最も保有

表45　アメリカ国債の保有額

1位	日本	1兆1,998億ドル
2位	中国	9,718億ドル
3位	イギリス	6,447億ドル
4位	ケイマン諸島	3,073億ドル
5位	ルクセンブルク	3,060億ドル
6位	スイス	2,949億ドル
7位	ベルギー	2,879億ドル
8位	アイルランド	2,753億ドル
9位	フランス	2,337億ドル
10位	台湾	2,332億ドル

出所）アメリカ財務省2022年10月発表「MAJOR FOREIGN HOLDERS OF TREASURY SECURITIES」

表45はアメリカ国債を保有している国のランキングである。

アメリカ国債というのは、外貨準備における最もスタンダードなアイテムである。

前述したように、日本の外貨準備高は１兆４０００億ドルをはるかに超えており、ＥＵ全体の倍以上という巨額ぶりなのだ。この巨額な外貨準備高が、日本の国際的な信用力にもつながっている。

この外貨準備高のほとんどを日本は、アメリカ国債で保有している。

日本はアメリカ国債を約1兆２０００億ドル（約１４０兆円）保有しており、昨今、保有量で中国と1位、２位の座を争っている。

つまり、日本はアメリカ政府に対して、世界で1番か2番目に多くお金を貸しているということだ。

もし、アメリカの経済が破綻したり、財政がデフォルト(債務不履行)を起こしたりすれば、最もダメージを受けるのは、アメリカに最もお金を貸している日本ということになる。

では、アメリカの財政は健全なのかというと、決してそうではないのだ。

アメリカ国債はあまり安全ではない

アメリカの財政赤字の残高は、現在約20兆ドルである。

これは、日本円にして約2260兆円である。

近年、ギリシャの財政危機が話題になった。ギリシャが事実上のデフォルトに陥り、それがユーロ全体を揺るがすことになったのだ。このときの財政赤字の規模は、300億ドルにも満たないのである。

なんとアメリカの0・15%程度なのである。

もちろん、アメリカとギリシャとでは経済規模が違うので、単純な比較はできない。

しかし、ユーロを揺るがしたギリシャの財政赤字の何百倍という規模の財政赤字を、アメリカは抱えているということである。

歴史上、これほど財政赤字をため込んだ国はないのである。

日本の国債残高も1000兆円あるので、人口比から見ると、日本とアメリカの深刻度合いはそう大差はないと言える。が、日本の国債のほとんどが国内で消化されているのに引き換え、アメリカの国債は世界中の国で買われている。

つまり、アメリカ政府は、世界中の国々に借金をして、財政を回しているということなのである。当然のことながら、アメリカの財政は世界経済の影響をまともに受けることになる。

しかもアメリカの場合は、これに対外債務が加わるのだ。

いままで述べた財政赤字というのは、政府（地方自治体含む）の借金である。

この政府の財政赤字とは別に、国全体の外国からの巨額の「対外債務」（借金）を抱えているのだ。対外債務というのは、輸出と輸入の差額が赤字だったり、資本収支が赤字だったりして、それが借財として残っているものである。簡単に言えば、外国からモノを買って、まだその代金を支払えていないお金ということになる。

対外債権から対外債務を差し引いた対外純資産も、日本円にして約2000兆円ほどの赤字である（表43を参照）。

この額もまた、世界最大である。

しかも、アメリカの国際収支（経常収支）は改善される気配がない。

アメリカの2015年の輸出入額を見てみると、輸出額が1兆5000億ドルちょっとに対して、輸入額が2兆2000億ドル以上もあるのだ。

輸出額の1・5倍の輸入をしているのである。

そしてアメリカはこの状態がかなり長く続いている。

アメリカは1992年以来、20年以上にわたって国際収支（経常収支）で赤字を続けており、2015年の赤字額は463億ドルだった。

こういう状態が続けば、いくら何でも国は破綻してしまうはずだ。

というより、いまのアメリカはいつ破綻してもおかしくない状態だと言える。

いまのアメリカ以上に対外債務を増やした国は、いまだかつてない。他の国は、アメリカほど借金はできないし、これほど借金が膨れ上がる前に、デフォルトを起こしている。

つまり、アメリカは世界最悪の借金国であり、史上最悪の借金国なのだ。

日本は対外債権から対外債務を差し引いた対外純資産は約3兆ドルの黒字であり、世界一の対外純資産国である。日本は政府の財政的には苦しいが、国全体としては非常に豊かなのである。

アメリカ経済の状態がどれほど悪いか、これで理解していただけるだろう。

アメリカは「経済状態が世界最悪の国」とさえ言えるのだ。

アメリカは、この借金のために毎年、大量の国債を発行している。

が、アメリカ政府も、毎年毎年、国債が増え続けるのを良しとしているわけではない。

アメリカでは、第一次世界大戦中に、政府が無制限に国債を発行する危険を避けるため、リバティーボンド法という、国債発行の上限を定めた法律が定められた。が、とっくにこの法の上限額には達しており、2年に一度、上限額を引き上げるという禁じ手を使って、上限を超えることを防いできたのだ。

議会で上限額の引き上げ法案が通らなければ、アメリカはデフォルトを起こしてしまうことになる。

予算などで議会の理解を得られなければ、上限額の引き上げ法案が否決される可能性もなきにしもあらずなのだ。

このことは、「財政の崖」（fiscal cliff）の一要因として、たびたび報じられるので、ご記憶の方も多いはずだ。

まだ一度も、上限引き上げ法案が否決されたことはない。それは、アメリカのデフォルトを恐れてのことである。しかし、今後、大統領と議会が鋭く対立したような場合は、否決される事態に陥ることもあり得よう。

現在のアメリカの財政というのは、そういう薄氷を踏むような状態で、運営されているのである。そして、そのアメリカの国債を日本は大量に買っているのだ。

本当はいまも続いている日米貿易摩擦

日本がそう安全でもないアメリカの国債を大量に購入している理由の一つは、「日米貿易摩擦」である。

「日米貿易摩擦」というと、日本人の大半はすでに過去の出来事だと思っているフシがある。日米貿易摩擦は、80年代に日本が大幅な貿易黒字を記録しているときに起きたものであり、現在はそういう状況にはない――と多くの日本人は思っている。

が、それは大きな間違いである。

表46
アメリカ貿易赤字 上位10ヵ国
(2017年)

1位	中　国	−3,752億ドル
2位	メキシコ	−711億ドル
3位	日　本	−688億ドル
4位	ドイツ	−643億ドル
5位	ベトナム	−383億ドル
6位	アイルランド	−381億ドル
7位	イタリア	−316億ドル
8位	マレーシア	−246億ドル
9位	インド	−229億ドル
10位	韓　国	−229億ドル

出所）経済産業省「通商白書2018」

実は、日米貿易摩擦は、１９８０年代からほとんど状況は変わっていないのだ。というより、見方によっては悪化しているとさえ言える。

80年代において、アメリカの対日貿易赤字が最も大きかった年は87年である。この年、アメリカの対日貿易赤字は、約５７０億ドルだった。

２０１７年のアメリカの対日貿易赤字は、約６８８億ドルである（表46）。

つまり、１９８７年と現在とでは、アメリカの対日貿易赤字は、まったく減っていない、むしろ増えているのだ。もちろん、87年と現在とではＧＤＰの規模がまったく違うので、直接の比較はできない。

しかし、アメリカの対日貿易赤字の規模が、いまも相当に大きいことは間違いないのである。

なぜ日米貿易摩擦が昨今あまり騒がれなくなっていたのかというと、中国の存在が大きいからである。アメリカにとって貿易赤字の最大の相手国が中国に代わったので、日本に対する風当たりが弱くなっただけのことなのである。

アメリカは現在でも日本のことを快くは思っておらず、特に自動車分野などではたびたび圧力をかけてくる。たった一国のたった一つの産業から約6兆円もの貿易赤字を生じさせられているということは、やはりアメリカにとって腹立たしいことであるには違いない。

そのため日本はアメリカの機嫌を取るために、貿易で稼いだ金はせっせとアメリカ国債の購入にあてているのだ。

第6章

少子化問題は起こるべくして起こった

日本の少子化は人災？

ご存じのように現在、日本は深刻な少子化問題を抱えている。

出生率は先進国では最悪のレベルであり、世界最悪のスピードで高齢化社会を迎えつつある。

この少子化については、「日本人のライフスタイルが変わったから」と考えている人も多い。確かに、ライフスタイルの変化によって晩婚化、非婚化が進んだという面もある。

しかし、晩婚化、非婚化は、女子教育の進んだ先進国ではどこにでも見られる現象である。日本が先進国の中で最も少子化が進んでいる理由にはならない。

よく知られているが日本が他の先進国と比して著しく少子化が進んだのは、「政治の無策」という面も大きいのである。

日本では半世紀近く前から、「このままでは少子高齢化社会になる」ということがわかっていながら、有効な対策を講じてこなかった。

半世紀前、日本よりもはるかに深刻な少子化に陥っていたヨーロッパ諸国は、この50年間、さまざまな子育て対策を行い、現在、出生率は持ち直しつつある。

しかし、日本はむしろ子育て世代に最もダメージのある政策ばかりを講じたのである。たとえば、国立大学の授業料はこの50年間に、15倍にも高騰している。また平成元（1989）年に導入され、たびたび税率が上げられてきた消費税は、子育て世代に最もダメージが大きい税金である。国はこの50年間、子育てがしにくくなるような政策ばかりを講じてきたのである。

現在、政府は「次元の異なる少子化対策」に力を入れようとしているが、まだ全然、問題解決にはなっていないレベルである。

半世紀前は、父親一人が働いていれば、多くの家庭で子ども2人くらいは育てることができた。しかし、現在は、夫婦共働きであっても、子ども1人を育てるので精いっぱいという家庭が多い。

日本はいったいなぜそういう国になったのか？

日本はどうすれば少子化問題が解消できるのか？

子育てや教育に関する国際データをもとに検証していきたい。

先進国で日本だけが急速な少子化

ご存じのように昨今、日本は急激な少子高齢化に見舞われている。

このまま進めば、どれほど企業が頑張ったところで、日本の衰退は免れない。その事実は、どんな楽観論者も否定できないはずだ。

そして、少子高齢化というのは、いま何も手を打たなければ、必ず進んでいく。つまり、いま何も手を打たなければ、日本は必ず衰退するのだ。

南海トラフ地震のような大災害は、もしかしたら、この数十年のうちには起きないかもしれない、もしかしたら100年くらい起きないかもしれない。

しかし、少子高齢化は、地震のような不確定な要素はまったくない。このままいけば、必ず避けられないものなのである。

厚生労働省の発表では、2022年の出生数は80万人を割りこみ77万747人だった。出生数が80万人を下回るのは1899（明治32）年の統計開始以来、初めてのことである。1

970年代には200万人を超えていたこともあったので、この落ち込み方はすさまじい。

先ほど触れたように、日本人のライフスタイルが変わったことは、晩婚化や少子化の一因となった。が、これほど急激な少子高齢化が起きたのは、政治の失策が大きな原因となっているのだ。

というより、ここ20~30年の政治は、わざわざ少子高齢化を招いているとしか言いようがないほど、お粗末なものなのであった。

実は少子化という現象は、日本だけのものではなかった。

「女性の高学歴化が進んだ社会は少子化になる」

ということは、かなり前から欧米のデータで明らかになっていた。

そして、欧米では、日本よりもかなり早くから少子高齢化の傾向が見られていた。日本の少子化は1970年代後半から始まったが、欧米ではそのときにはすでにかなり深刻な少子化となっていた。

そして1970年から75年くらいまでは、欧米のほうが日本よりも出生率は低かった。つまり、40年以上前から少子高齢化は、先進国共通の悩みだったのだ。

が、その後の40年の歩みが、日本と欧米ではまったく違うのである。

表47　家族関係社会支出（GDP比）

スウェーデン	3.40％
イギリス	3.24％
フランス	2.85％
ドイツ	2.39％
日本	1.73％
アメリカ	0.61％

出所）内閣府「令和４年版 少子化社会対策白書」
※家族関係社会支出とは児童手当や就学前児童への給付、各種社会保障、社会福祉などへの支出のこと

ほかの先進国は少子化対策にお金をかけた

この40年間、欧米諸国は子育て環境を整えることなどで、少子化の進行を食い止めてきた。

表47は、先進主要国における家族関係社会支出のGDP比である。これを見ると、日本はヨーロッパ主要国に比べて、かなり低いことがわかるはずだ。ヨーロッパ主要国は少子化を食い止めるために政府がそれなりにお金と労力をかけているのだ。

欧米諸国のほとんどは、１９７０年代の出生率のレベルを維持してきた。だから、日本ほど深刻な状況にはなっていない。

１９７４年の時点で、日本の合計特殊出生率はまだ2を少し上回っていた。

表48 合計特殊出生率（2017年）

フランス	1.90
スウェーデン	1.78
アメリカ	1.76
イギリス	1.76
ドイツ	1.57
日本	1.43

出所）内閣府「令和元年版 少子化社会対策白書」

フランスは日本より若干高いくらいだったが、イギリスもアメリカもドイツも日本より低く、すでに出生率が2を下回っていたのだ。

しかし、フランス、イギリス、アメリカは、大きく出生率が下がることはなく、２０１７年は出生率は2近くになっている（表48）。

一方、日本は70年代から急激に出生率が下がり続け、現在は１・４を切っている（２０２０年時点で１・３３）。もちろん、出生率が2に近いのと、１・４以下とでは、少子高齢化のスピードがまったく違ってくる。

なぜ先進国の間でこれほどの差がついたかというと、日本はこの40年間に、子育てを支援するどころか、わざわざ少子高齢化を招き寄せるような失政を犯してきたからである。

少子化の原因の一つは非正規雇用

少子化問題は経済問題でもある。

データを見る限りでは、現在の少子化を招いた原因として、経済も非常に大きい要素を占めている。

男性の場合、正社員(30~34歳)の既婚率は約60%だが、非正規社員の既婚率は約20%である(「令和4年版　少子化社会対策白書」)。

非正規社員の男性のうち、結婚している人が2割しかいないということは、事実上、非正規社員の男性は結婚が困難、ということである。

これは何を意味するか?

ジェンダーをめぐる認識が急速に変化しているとはいえ、男性はやはりある程度の安定した収入がなくては結婚できない、という考え方は根強い。だから派遣社員などでは、なかなか結婚できないのである。

つまり、

表49　パートタイム労働者の割合（男性）

	2005年	2019年
日本	8.8%	14.2%
アメリカ	7.8%	8.3%
イギリス	9.5%	11.8%
ドイツ	7.3%	9.5%
フランス	5.0%	6.9%

出所）独立行政法人　労働政策研究・研修機構「データブック国際労働比較2023」

「派遣社員が増えれば増えるだけ、未婚男性が増え少子化も加速する」

ということである。

そして、日本では近年、男性の非正規雇用が急激に増加している。

表49は、先ほど（第4章・表33）のパートタイム労働者のうち男性に絞って主要先進国と比較したものである。これを見ると日本の男性のパートタイム労働者はこの15年で激増しているのがわかる。

もちろん、パートタイム労働者だけではなく、非正規雇用に枠を広げると、その人数は非常に多くなる。

現在、日本では働く人の約4割が非正規雇用である。その中で男性は、700万人近くもいる。20年前よりも倍増したのだ。つまり、結婚できない男性がこの20年間で300万人以上も増加したようなものである。

現在の日本は、世界に例を見ないようなスピードで少子高齢化が進んでいる。このままでは、日本が衰退していくのは目に見えている。どんなに経済成長をしたって、子どもの数が減っていけば、国力が減退するのは避けられない。

いまの日本にとって、経済成長よりもなによりも、少子高齢化を防がなければならないはずだ。

「非正規雇用が増えれば、結婚できない若者が増え、少子高齢化が加速する」

これは、理論的にも当然のことであり、データにもはっきり表れていることである。

なのに、なぜ政治家や官僚はまったく何の手も打たなかったのか、不思議でならない。

なぜ日本の非正規雇用者数が近年激増したかというと、政界と財界がそれを推進したからである。

バブル崩壊後、財界は「雇用の流動化」と称して、非正規雇用を増やす方針を打ち出した。

たとえば1995年、日経連（現在の経団連の前身団体の一つ）は「新時代の〝日本的経営〟」として、「不景気を乗り切るために雇用の流動化」を提唱した。

「雇用の流動化」というと聞こえはいいが、要は「いつでも首を切れて、賃金も安い非正規社員を増やせるような雇用ルールにして、人件費を抑制させてくれ」ということである。

これに対し政府は、財界の動きを抑えるどころか逆に後押しをした。

１９９９年には、労働者派遣法を改正した。それまで26業種に限定されていた派遣労働可能業種を、一部を除いて全面解禁したのだ。

さらに２００４年にも、同法は改正され、１９９９年改正では除外となっていた製造業も解禁された。これで、ほとんどの産業で派遣労働が可能になった。

同法の改正が、非正規雇用を増やしたことは、データにもはっきり出ている。90年代半ばまでは20％程度だった非正規雇用の割合が、98年から急激に上昇し、現在では30％を大きく超えている。

また裁量労働制などの導入で、事実上のサービス残業を激増させたのである。

労働者の生活を極限まで切り詰めさせて、一部の大企業、富裕層の富を増大させてきたのがバブル崩壊後の日本である。こんなことを30年も続けていれば、国家が破綻しかかって当然である。

現在、岸田政権は、さすがにこのことに気づいて労働環境の改善に取り組もうとはしている。しかし、日本衰退のスピードに比べると、あまりに遅すぎるというのが著者の気持ちで

表50 子どもの相対的貧困率ワーストランキング（OECD 34ヵ国）

1位	イスラエル
2位	トルコ
3位	メキシコ
4位	チリ
5位	アメリカ
6位	スペイン
7位	イタリア
8位	ギリシャ
9位	ポルトガル
10位	日本
19位	フランス
23位	イギリス
24位	韓国

出所）OECD（2014）Family database "Child poverty"　内閣府「平成26年版 子ども・若者白書・第1部第3章第3節子どもの貧困」

ある。

先進国最悪レベルの子どもの貧困

表50は、OECD34ヵ国における子どもの相対的貧困率である。

前にも触れたが、相対的貧困率は、その国民の平均所得の半分以下しか収入を得ていない人たちの割合である。

この子どもの相対的貧困率は、日本がOECD34ヵ国中ワースト10に入っているのだ。

このデータは「相対的貧困率」

表51　一人親世帯の子どもの相対的貧困率ワーストランキング（OECD 33ヵ国）

1位	日本
2位	チリ
3位	イスラエル
4位	アメリカ
5位	オーストラリア
6位	ルクセンブルク
7位	カナダ
8位	スペイン
9位	トルコ
10位	イタリア
26位	フランス
29位	イギリス

出所）OECD（2014）Family database “Child poverty”　内閣府「平成26年版 子ども・若者白書・第1部第3章第3節子どもの貧困」
※韓国は含まれず

とは言うものの、日本は現在、先進国の中で平均所得は低いほうである。そのため、この数値が高いということは「子どもの絶対的な貧困者の割合」もそれだけ多いと考えていいだろう。

ひとり親家庭に厳しい日本

表51は、OECD33ヵ国における「一人親世帯」の子どもの相対的貧困率である。ご覧のように、このランキングでは日本はワースト1位なのである。

日本は子どもの相対的貧困率も

高いが、それ以上に「一人親世帯」の相対的貧困率が高いのだ。

内閣府の令和3年度「子供の貧困の状況と子供の貧困対策の実施の状況」によると母子家庭の親の就業率は83・0％であり、父子家庭の親の就業率は87・8％となっている。

つまりは、ひとり親家庭のほとんどの親は、就業している。

しかし、ひとり親家庭の「正規雇用」の割合を見てみると、母子家庭50・7％、父子家庭71・4％となっている。ひとり親家庭の正規雇用率は著しく低い。

非正規雇用の増加が貧富の格差を招いたことは前述したが、子どもの貧困に関しても同様に、非正規雇用の増加が大きな影響を与えているのだ。

消費税が少子化問題を悪化させた

次に認識していただきたいのが、「消費税は子育て世代への負担が最も大きい」という事実である。

前述したように消費税は平成元（1989）年に導入され、この30年間にたびたび増税されてきた。少子高齢化が進んでいく時期とリンクしている。

消費税は、収入における消費割合が高い人ほど、負担率は大きくなる。

たとえば、収入の100％を消費に充てている人は、収入に対する消費税の負担割合は10％ということになる。

が、収入の20％しか消費していない人は、収入に対する消費税の負担割合は2％でいいという計算になる。

収入に対する消費割合が低い人は、高額所得者や投資家である。彼らは収入を全部消費せずに、貯蓄や投資に回す余裕があるからだ。こういう人たちは、収入に対する消費税負担割合は非常に低くなる。

では、収入における消費割合が高い人はどういう人かというと、所得が低い人や子育て世代ということになるのだ。

人生のうちで最も消費が大きい時期というのは、大半の人が「子どもを育てている時期」のはずだ。そういう人たちは、必然的に収入に対する消費割合は高くなる。

ということは、子育て世代や所得の低い人たちが、収入に対する消費税の負担割合が最も高いという現実があるのだ。

児童手当はまったく足りない

子育て世帯に対しては、「児童手当を支給しているので、負担は軽くなったはず」と主張する識者もいる。

しかし、この論はまったくの詭弁《きべん》である。

児童手当というのは、だいたい1人あたり月1万円、年にして12万円程度である。

その一方で、児童手当を受けている子どもは、税金の扶養控除が受けられない。

そのため、平均的な会社員で、だいたい5～6万円の所得税増税となる。

それを差し引くと6～7万円である。つまり、児童手当の実質的な支給額は、だいたい年間6～7万円にすぎないのだ。

しかも、子育て世代には、消費税が重くのしかかる。

子ども1人にかかる養育費は、年間200万円くらいは必要である。食費やおやつ、洋服代、学用品などの必需品だけでも平均で200万円くらいにはなるだろう。

ちょっと遊びに行ったり、ちょっとした習い事などをすれば、すぐに200～300万円になる。

子どもの養育費が200万円だとしても、負担する消費税額は概算で20万円である。児童手当では、まったく足りないのだ。

つまり子育て世代にとって、児童手当よりも増税額のほうがはるかに大きいのである。

少子高齢化を食い止めるためには、子育てがしやすいように「支給」しなければならないはずなのに、むしろ「搾取」しているのである。

韓国より低い大学進学率

教育というのは、国の根幹である。

教育が行き届いている国、教育が進んでいる国のほうが、産業は栄えているし、国力は充実している。それは古今東西の国々の状況を見れば明らかである。

特に高等教育というのは、国の行く末を左右するとも言える。

国民が充実した高等教育を受けられているかどうかが、その国の未来を表しているのだ。

その高等教育の充実度をはかる基本的な指標、「大学進学率」を見てみたい。

表52 **大学進学率**（OECD 30ヵ国）

1位	オーストラリア	91％
2位	アイスランド	80％
3位	スロベニア	79％
4位	ニュージーランド	74％
5位	ポーランド	73％
6位	デンマーク	71％
14位	イギリス	58％
18位	韓　国	55％
21位	**日　本**	**48％**
22位	ドイツ	48％
	OECD平均	57％

出所）OECD, Education at a Glance, 2015
※大学の定義が国によって曖昧であり、専門学校を大学に含めているケースもあるので厳密な比較ではない

大学進学率において、日本はOECDの調査対象30ヵ国の中で21位で48％である（表52）。

これはOECDの平均よりも約10ポイントも低く、隣国の韓国よりも低い。日本人は、いろんな面において「韓国よりは上だ」考えているようだが、国の根幹である教育分野においても、日本は韓国に劣り始めているのだ。

このデータにはフランス、アメリカが含まれていないが、両国とも大学進学率は60％を超えており、日本よりは高い。またドイツは日本より低くなっているが、それは伝統的に大学と同等の専門学校が多いためである。統計に

よっては、この専門学校も大学に含まれることがあり、ユネスコの統計ではドイツの大学進学率のほうが日本より高くなっている。

しかも正確な比較はできないが、日本は中国からも抜かれていると推測されている。日本は急速に少子高齢化が進んでおり、子どもは少なくなっているのだ。にもかかわらず、その少ないはずの子どもたちにまともに教育を受けさせることさえしていないのだ。

高等教育に国がお金を出してくれない

表53は、高等教育費（義務教育以上の教育費）に国や自治体がどれだけ費用の負担をしているのかの割合である。

日本はＯＥＣＤ33ヵ国の中でワースト2位であり、高等教育費の32％しか財政による支出はされていないのだ。

ＯＥＣＤの平均が66％なので、なんと半分以下である。

またイギリスやアメリカをはじめ欧米の場合、寄付の文化があり、大学などの高等教育機関に寄せられる寄付金も多い。しかも、キリスト教など宗教団体が、大学などを運営してい

表53 **高等教育費の財政負担率**
（2015年、OECD 33ヵ国）

1位	ノルウェー	96％
2位	オーストリア	94％
3位	フィンランド	93％
4位	ルクセンブルク	92％
5位	アイスランド	89％
23位	イタリア	62％
27位	カナダ	49％
29位	韓　国	36％
30位	アメリカ	35％
32位	日　本（ワースト2位）	32％
33位	イギリス	25％
	OECD平均	66％

出所）『図表でみる教育　OECDインディケータ（2018年版）』明石書店

るケースも非常に多い。そのため純然たる家計による支出は、かなり抑えられているのだ。

日本の場合、寄付の文化もなく、宗教団体運営の大学なども少ないので、国が負担しなければすぐさま家計による支出の増大に結びつく。

日本の大学進学率が低いことを前述したが、その要因の一つにこの公的負担の少なさが挙げられるのだ。

高等教育への公的負担の少なさは、日本の大学教育に大きな影響を与えている。すなわち近年、授業料が高騰しているのだ。

国立大学の授業料は、１９７５年

には年間3万6000円だった。しかし、1989年には33万9600円となり、2005年からは53万5800円にまで高騰している。

50年間で、15倍に膨れ上がったのだ。バブル期と比較しても、現在は約2倍である。

この授業料の高騰のため、大学に行けない若者が激増している。

また大学に行くために、多額の借金をする若者も増えている。現在、70万人近くの大学生が「有利子の奨学金」を受けて学校に通っている。この「有利子の奨学金」というのは、奨学金とは名ばかりで、実際はローンと変わらない。厳しい返済の義務があり、もし返済を怠れば、法的措置さえ講じられる。

この「有利子の奨学金」を受けている70万人以上という数字は、大学生全体の約4分の1である。彼らは大学卒業時には、数百万円の借金を抱えていることになる。

金持ちの子しか大学には行けない

日本では大学の授業料が高額なうえ、進学するためには、学校のほかに塾などに行かなくては難しい。既存の学校があまり充実していないからだ。

となると、裕福な家庭の子弟しか、いい大学に入れないことになる。それは実際にデータとしても表れている。

東京大学が行っている「学生生活実態調査」によると、2021年の東大生の親の70％以上が、年収750万円以上、50％以上は年収が950万円以上なのである。

親にそれだけの高収入がないと、いい大学には入れないということである。

東京大学は言うまでもなく、高級官僚のシェア率が断トツに高く、一流企業に就職できる確率も非常に高い。ざっくり言えば、将来、国家の中枢を担う可能性が高い学生たちである。

東大生になるには、金持ちの家に生まれないと難しくなっているのだ。

子どもの自殺が多い

表54は、主要先進国における10代の子どもの自殺率である。

これを見れば日本は他の先進国に比べて、子どもの自殺が多いことがわかる。銃社会で簡単に自殺ができるアメリカと同レベルであり、若者の死因としては日本だけ自殺が1位となっている。イギリス、フランス、ドイツなどの子どもたちと比べれば、倍以上の数値になっ

表54　**10代の子の死因に占める自殺死亡率**
（人口10万人あたり）

アメリカ	6.6（死因2位）
日　本	5.9（死因1位）
イギリス	2.8（死因2位）
ドイツ	2.4（死因2位）
フランス	1.9（死因3位）

出所）厚生労働省「令和4年版　自殺対策白書」（「世界保健機関資料2022年2月」より厚生労働省作成）

ている。

子どもの自殺が多いということは、それだけ追いつめられている子ども、希望を見いだせない子どもが多いということである。

若者の自殺も多い

表55は、主要先進国における20代の若者の自殺率である。

前項で日本では子どもの自殺が多いことを述べたが、若者の自殺も非常に多いのだ。

若者の自殺が多いということは、日本は、若者が夢を見ることができない社会ということである。収入の格差が広がり、金持ちの子どもしか大学に行けなくなっているような現状が、自殺率にも表れていると言えるだろう。

ちなみに韓国の若者の自殺率も非常に高いが、これには

表55　若者（20～29歳）の死因に占める自殺死亡率（人口10万人あたり）

韓　国	19.2（死因1位）
アメリカ	17.5（死因2位）
日　本	17.2（死因1位）
イギリス	10.6（死因2位）
フランス	7.7（死因2位）
ドイツ	7.2（死因1位）

出所）厚生労働省「令和4年版 自殺対策白書」（「世界保健機関資料2022年2月」より厚生労働省作成）

もちろん理由がある。

韓国では、経済の大半を財閥が握っており、財閥企業に勤めない限りまともな給料を得るのは難しい。大企業と中小企業の賃金格差がきわめて大きいのだ。

そしてもちろん、財閥企業に就職できるのはほんの一握りの人しかいない。２０１３年の調査では、中小企業で働く韓国人の割合は、87・5％だった（２０１５中小企業現況より）。つまり、大企業で働ける人は12・5％しかいないのである。

日本の場合は、大企業で働く人の割合は、約31％である。いまの韓国の若者で、まともな給料をもらえるところに就職できる人は10人に1人ほどしかいないのである。

韓国ではまともな働き口が少ないので若者の就業率が低く、韓国統計庁の「経済活動人口調査」によると、

２０１４年の25歳から29歳までの男性の就業率は69・４％にすぎなかった。つまり３人に１人が就業していないのである。

先進国ではこの世代の就業率はだいたい80％を超えるので、韓国は10ポイントも少ないことになる。しかも韓国統計庁によると韓国の若者は、働いている人の３割以上が非正規雇用である。これらの状況を加味すると、韓国の若者は６割近くがフリーターかニートという計算になる。

そして韓国では、２０２２年の合計特殊出生率が日本よりもはるかに低い０・78である。韓国は完全に「子どもが生めない社会」になっているのだ。

昨今、韓国の若者の間では、「ヘル朝鮮」という言葉が流行している。この言葉の意味は、そのまま言葉通りに「韓国は地獄だ」ということである。

その〝地獄〟に住んでいる韓国の若者たちと、日本の若者の自殺率はほぼ同じなのである。両国の若者とも、地獄に住んでいるのかもしれない。

選挙に行かないから政治がどんどん悪くなる

これまで、日本の政治の愚かさを示すデータを多々紹介してきた。

最後に、選挙の投票率の国際比較データをご紹介したい。

表56は、OECDの38ヵ国における選挙の投票率を低い順にランキングしたものである。国によって選挙の種類には若干違いがあるが、原則として国政選挙の投票率である。このランキングにおいて、残念ながら日本は第4位（同率3ヵ国）である。

日本が「子育て地獄」になったのも、この投票率の低さがかなり影響している。というのも、日本の投票率を引き下げているのは、若い世代だからだ。

2022年7月に行われた第26回参議院議員選挙では、全体の投票率は52・05%だったが10代は35・42%、20代は33・99%、30代は44・80%である。結婚する世代、子育てする世代である20代で、3人に1人しか投票していないのだ。

選挙に行かない若者の中には、「投票したい候補者がいない」ということを理由にする人が多い。

表56 選挙の投票率のワーストランキング
（OECD 38ヵ国、2023年現在公表データ）

1位	スイス	45%
2位	チリ	47%
3位	ポルトガル	49%
4位	日本	53%
4位	スロベニア	53%
4位	コロンビア	53%
7位	ラトビア	55%
8位	リトアニア	57%
9位	ギリシャ	58%
10位	チェコ	62%

出所）OECD, Better Life Index

著者としてもその気持ちは非常によくわかる。与党は利権のしがらみでがんじがらめになっており、野党は頼りなさすぎて危なっかしい。

しかし、だからといって投票に行かなければ、日本の政治レベルは下がっていく。

投票率が低くなると業界団体、宗教団体などの「組織票」の力が大きくなる。そうなると、政治家は、有権者全体のことよりも、業界団体や宗教団体のほうを向いた政治を行うようになる。そういう政治が行き着いた先が、いまの日本だと言えるのだ。

若者の投票率が低ければ、当然、政治は若者のほうを向かなくなる。子育て世代の投票率が3割台となれば、子育て政策がなおざりにされてしまうのが、いまの政治システムなのである。

食指の動かない候補者リストでも、どうにかして自分の意思に近い人を選びだし、一票を投じ、投票率を上昇させれば、政治家も有権者全体のほうを向かざるをえなくなるのだ。

それが日本の将来を明るくするために、われわれがしなければならない第一歩なのである。

あとがき

日本が衰退している原因は、明白である。

「工場などの生産設備を安易に海外移転させたこと」

「人件費を抑制し続けてきたこと」

著者は、20年前から「日本は人件費が上がらないことが最大の問題」ということを主張し続けてきた。しかし、経済学者や経済評論家たちのほとんどは、「景気が上向けば賃金は自然と上がる」などと言い続け、聞く耳を持たなかった。

最近になって、日本の賃金が韓国よりも低いことが話題になったりして、ようやく「賃金を上げないとまずい」ということが言われるようになった。アベノミクスで株価は大幅に上昇し、指標のうえでは景気がよくなったにもかかわらず、国民生活は全然楽にならなかった。それは企業が儲かったお金を賃金に回さないからだ。そのことが、やっと指摘されるようになったのだ。

現在の岸田政権なども賃金の上昇を重要政策として掲げ、多くの大企業が賃上げの意向を示しているが、まだまだ全然足りない。現在はようやく30年前の賃金よりも少し上がったくらいである。しかし、30年前の倍くらいの水準に達しなければ、国際的に見ても主要各国の賃金上昇率に追い付いていないのである。

この国際的な賃金上昇率の低さが、そのまま日本の国際的地位の低下に連動していると著者は考える。そのことを政財界の指導者たちは、肝に銘じるべきだろう。

また本文中で触れたとおり、キャリア官僚と開業医の既得権益は、国民経済の最大の負担となっており、日本社会を蝕む大きな原因となっている。これは国民全体の問題として早急に解決しなければならない。この問題を解決できなければ、少子化問題や貧困問題など国のあらゆる問題に関して、手が着けられないのである。

いまの日本で問題なのは金がないことではなく、金があるのにそれがきちんと循環していない、ということである。

週に40時間まともに働いて、家族を養うどころか自分がまともに食うことさえできない国というのは、世界中そうそうあるものではない。

政治家や財界人は、それを恥じてほしいものである。

これだけ金を持っているくせに、国民をまともに食わせることさえできないのか、ということである。

いまの日本に必要なのは、大企業、天下り特殊法人がため込んでいる金を引き出して、金が足りない人のところに分配することである。それは、決して特別なことではない。先進国として最低限度の雇用政策、経済政策をとるということである。

世界の10％という莫大な金を持っているのに、たった1億2000万人の国民を満足に生活させることができない、という「経済循環の悪さ」。その点に、為政者、経済界のリーダーたちは気づいていただきたいものである。

そもそも日本の高い競争力は、誰が担ってきたものなのか？

日本が誇る高い技術力は、十分な教育を受けた勤勉な多くの国民が支えてきたものである。だから競争力を維持したければ、まずは国民が普通の生活をしていける環境を整えるべきなのだ。

そして「金がないから進学できない」「金がないから結婚、出産できない」というような若者を絶対に出さないことである。

最後に、中央公論新社の黒田剛史氏をはじめ本書の制作に尽力いただいた皆様にこの場をお借りして御礼を申し上げます。

２０２３年７月

著者

大村大次郎　Omura Ojiro

元国税調査官。国税局で10年間、主に法人税担当調査官として勤務し、退職後、経営コンサルタント、フリーライターとなる。執筆、ラジオ出演、フジテレビ「マルサ!!」の監修など幅広く活躍中。累計50万部を突破した『あらゆる領収書は経費で落とせる』シリーズをはじめ、『お金の流れでわかる世界の歴史』『やってはいけない老後対策』など著書多数。

中公新書ラクレ 800

世界《せかい》で第何位《だいなんい》？
日本《にほん》の絶望《ぜつぼう》 ランキング集《しゅう》

2023年 8 月10日初版
2023年11月10日 3 版

著者……大村大次郎《おおむらおおじろう》

発行者……安部順一
発行所……中央公論新社
〒100-8152 東京都千代田区大手町 1-7-1
電話……販売 03-5299-1730　編集 03-5299-1870
URL https://www.chuko.co.jp/

本文印刷…三晃印刷　カバー印刷…大熊整美堂　製本…小泉製本

Published by CHUOKORON-SHINSHA, INC.
Printed in Japan　ISBN978-4-12-150800-3　C1236